Couverture inférieure manquante

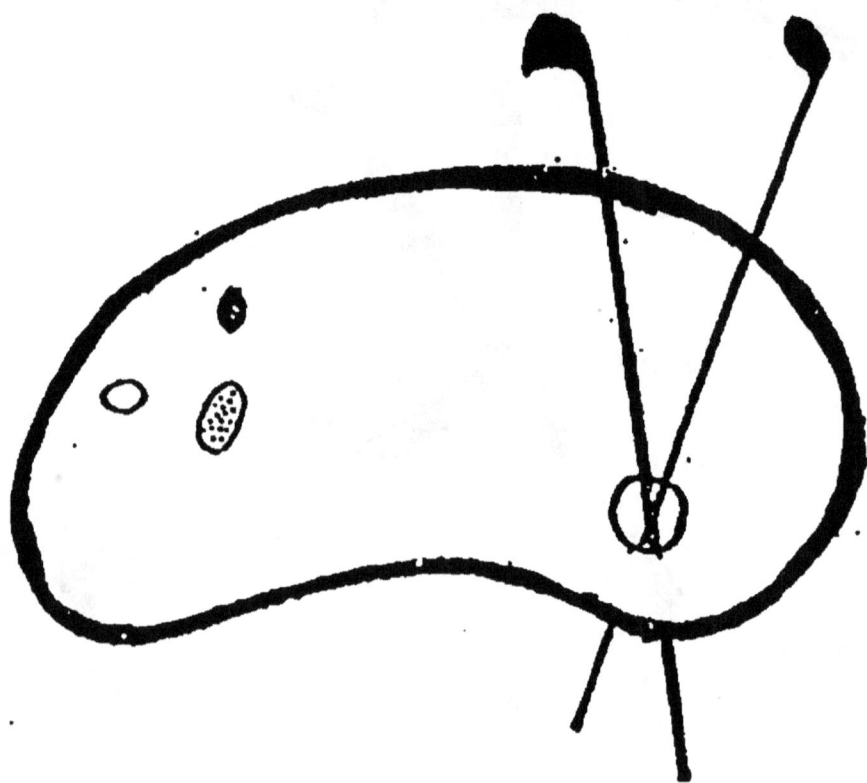

DEBUT D'UNE SERIE DE DOCUMENTS
EN COULEUR

BIBLIOTHÈQUE
DE PHILOSOPHIE CONTEMPORAINE

LE DROIT SOCIAL

LE DROIT INDIVIDUEL

ET

LA TRANSFORMATION DE L'ÉTAT

CONFÉRENCES

FAITES A L'ÉCOLE DES HAUTES ÉTUDES SOCIALES

PAR

LÉON DUGUIT

Professeur à la Faculté de Droit de l'Université
de Bordeaux.

>◦◦◦<

PARIS

FÉLIX ALCAN, ÉDITEUR

LIBRAIRIES FÉLIX ALCAN ET GUILLAUMIN RÉUNIES

108, BOULEVARD SAINT-GERMAIN, 108

—

1908

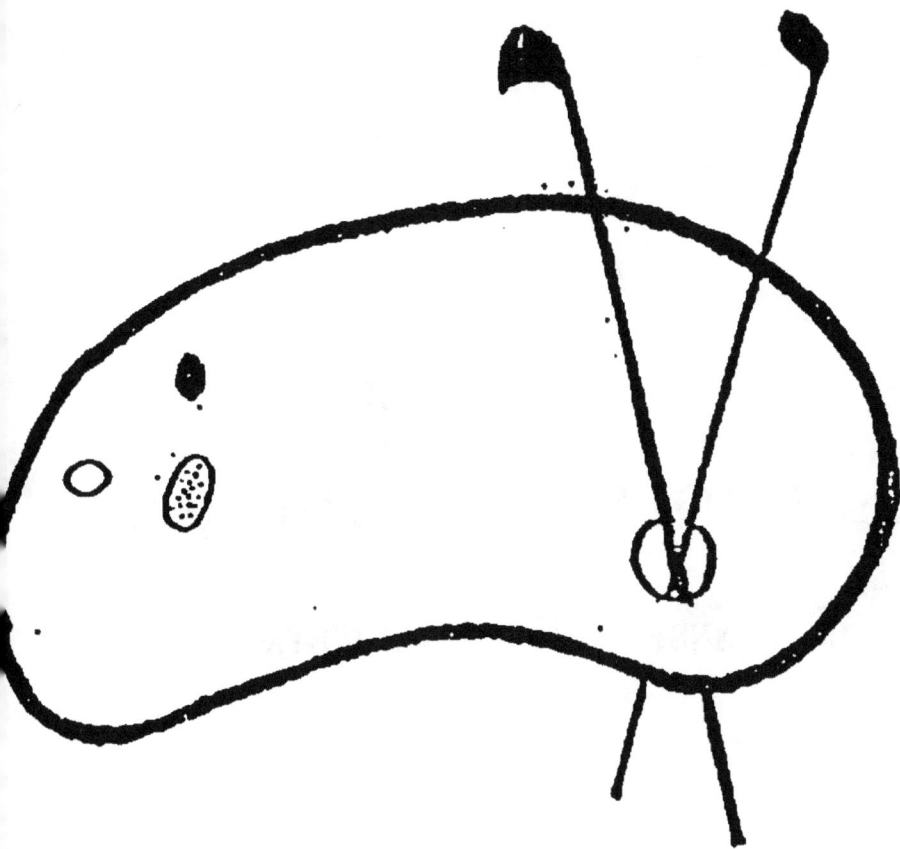

FIN D'UNE SERIE DE DOCUMENTS
EN COULEUR

LE DROIT SOCIAL

LE DROIT INDIVIDUEL

ET

LA TRANSFORMATION DE L'ÉTAT

LE DROIT SOCIAL

LE DROIT INDIVIDUEL

ET

LA TRANSFORMATION DE L'ÉTAT

CONFÉRENCES
FAITES A L'ÉCOLE DES HAUTES ÉTUDES SOCIALES

PAR

LÉON DUGUIT

Professeur à la Faculté de Droit de l'Université
de Bordeaux.

———

PARIS

FÉLIX ALCAN, ÉDITEUR

LIBRAIRIES FÉLIX ALCAN ET GUILLAUMIN RÉUNIES
108, BOULEVARD SAINT-GERMAIN, 108

———

1908

LE DROIT SOCIAL, LE DROIT INDIVIDUEL
ET LA TRANSFORMATION DE L'ÉTAT

PREMIÈRE CONFÉRENCE

I. La règle de droit ou droit objectif. — II. Caractère métaphysique de la notion de droit subjectif. — III. Inexistence
de la puissance publique conçue comme droit subjectif. —
IV. Danger social de ce concept.

MESDAMES, MESSIEURS,

Ce n'est pas sans quelque appréhension que
j'aborde le sujet, qui doit faire l'objet de ces
trois conférences. Non point que je redoute
d'exposer ici des idées, dont quelques-unes
pourront paraître à d'aucuns téméraires ou pa-
radoxales. Je sais que dans cette maison[1], si
largement ouverte à toutes les opinions, d'où
qu'elles viennent et où qu'elles aillent, le droit
de tout dire n'a de limite que la bonne foi du
conférencier.

1. L'École des hautes études sociales.

DUGUIT.   I

Mais très franchement, je crains de me brouiller tout à fait, et avec les socialistes et avec les juristes orthodoxes. Avec ceux-là, je crois bien que c'est déjà fait. J'ai l'honneur d'enseigner le droit depuis 25 années. Or les professeurs de droit sont tous suspects aux socialistes. L'un de ceux-ci, et des plus qualifiés, M. A. Mater, dans un article de la *Revue socialiste,* déclare que « c'est avec raison que l'on regarde le droit comme un instrument de la classe bourgeoise, l'étude du droit comme une discipline conservatrice et les juristes comme des réactionnaires professionnels,... que les professeurs de droit, rémunérés par l'État, sont obligés de ménager la clientèle riche, qui seule assiste à leurs cours et achète leurs livres. » Ce n'est pas tout. M. A. Mater, ayant cherché à notre adresse une plus cruelle injure encore, n'a trouvé rien de mieux que de nous mettre... dans le même sac que les prêtres et les guerriers. Il espère en effet « que dans le nouveau régime économique, les juristes ne subsisteront pas plus que les pontifes et les guerriers[1]. »

Je n'ai pas besoin de vous dire que ces atta-

1. A. Mater, *Le socialisme juridique, Revue socialiste,* t. XI, (juillet-décembre 1904), p. 9 et 40.

ques me laissent totalement indifférent. Mais assurément ces conférences ne feront qu'exciter la haine vigoureuse de M. A. Mater contre les juristes. Je me propose en effet de soutenir que la doctrine de la lutte des classes est une doctrine abominable, et que si la classe bourgeoise n'a point le droit de posséder à titre exclusif les instruments de production, la classe ouvrière, la collectivité ne l'ont point davantage, que ni les classes, ni la société, ni les individus eux-mêmes n'ont comme tels aucun droit.

Je dis : ni les individus. Et voilà pourquoi, brouillé avec les socialistes, je crains maintenant de me brouiller avec les juristes orthodoxes. Ils ne sont point sans doute les réactionnaires professionnels que dit M. A. Mater. Mais il n'est pas douteux, que la plupart d'entre eux, nourris de romanisme, enclins à voir dans le Digeste, dans Pothier et dans le Code Napoléon le dernier mot de la sagesse humaine, veulent donner comme première assise à toute société civilisée le droit de l'individu, *le droit subjectif,* le pouvoir pour l'individu d'imposer sa personnalité comme telle et à la société et aux autres individus. Ce droit de l'individu leur apparaît même cristallisé en

une forme rigide, qu'avaient modelée les juristes romains et qu'adopta le Code Napoléon,
la propriété individuelle, qui forme comme la
synthèse de tous les droits individuels.

Or, je me propose de soutenir que si la société n'a pas de droits, que si les diverses classes sociales n'en ont pas, l'individu n'en a pas davantage. J'estime que la
notion de *droit subjectif*, c'est-à-dire la notion
d'un pouvoir appartenant à une personne d'imposer à une autre sa propre personnalité, est
une notion d'ordre métaphysique, qui ne doit
pas avoir sa place dans l'organisation positive
des sociétés modernes. Ce concept de droit
subjectif, que d'aucuns nous présentent comme
une vérité absolue, n'a été qu'un moment dans
l'histoire éternellement changeante des institutions et des idées, un moment important,
je le veux bien, mais rien de plus. Mettons
que venue à son heure elle a joué dans le
monde un rôle important et rendu d'immenses
services. Mais aujourd'hui son règne est fini.
J'estime que ceux qui veulent encore fonder
un système politique et civil sur cette conception caduque préparent une législation sans
valeur pratique et édifient en dehors des faits
une technique juridique qui n'est qu'une sco-

lastique creuse. En un mot je pense qu'est en train de s'élaborer une société nouvelle, de laquelle seront exclues à la fois la notion d'un droit appartenant à la collectivité de commander à l'individu et la notion d'un droit appartenant à l'individu d'imposer sa personnalité à la collectivité et aux autres individus. Et, si pour les besoins de l'exposition nous personnifions la collectivité dans l'État, je nie à la fois le droit subjectif de l'État et le droit subjectif de l'individu.

Aussi bien, le titre qui à défaut d'autre a été donné à ces conférences, n'est-il point exact. En parlant de *droit social* et de *droit individuel,* je n'ai point l'intention de proposer après mille autres un nouveau système pour concilier les droits de la collectivité et les droits de l'individu, mais seulement de montrer que ni la collectivité ni l'individu n'ont de droits, qu'il n'y a ni droit social, ni droit individuel.

I

Ne croyez pas cependant que dans ma pensée rien ne vienne dans le monde social limiter la force matérielle, que je ne voie dans
nos sociétés modernes que des conflits d'ap-
pétits, des chocs de forces brutales, que
j'estime que l'individu ou le groupe le mieux
armé et le plus fort crée le droit par son
triomphe même. Je ne suis point un Nietzsche
au petit pied. J'ai au contraire la conviction
profonde que les hommes, par cela même
qu'ils font partie d'un groupe social et même
de l'humanité tout entière, sont soumis à une
règle de conduite qui s'impose à eux. Je pense
que les individus n'ont pas de droits, que la
collectivité n'en a pas davantage, mais que
tous les individus sont obligés, parce qu'ils
sont des êtres sociaux, d'obéir à la règle sociale, que tout acte individuel violant cette
règle provoque nécessairement une réaction
sociale, qui suivant les temps et les pays revêt
des formes diverses, et que tout acte indivi-

duel conforme à cette règle reçoit une sanction sociale, qui elle aussi varie suivant les
temps et les pays.

Cette règle sociale, quelque nom et quelque
fondement qu'on lui donne, existe certainement, ne peut pas ne pas exister, car sans elle
la société n'existerait point. Toute société est
une discipline ; et comme l'homme ne peut
vivre sans société, il ne peut vivre que soumis
à une discipline. Mon intention n'est point ici
de démontrer plus longuement la réalité de
cette règle, ni d'en déterminer le fondement.
J'ai tenté de le faire ailleurs[1]. Aussi bien cette
salle est-elle encore remplie des accents éloquents avec lesquels M. Léon Bourgeois,
M. Darlu, M. Rauh, M. Gide, affirmaient naguère encore le principe de solidarité et en
développaient les principales applications[2].
Je crois bien en effet que la règle sociale dont
je parle a pour fondement le fait de la solidarité sociale, que je n'entends pas tout à fait
cependant comme les éloquents orateurs dont

1. Cf. mon volume intitulé *L'État, le droit objectif et la loi positive*, 1901, particulièrement les chapitres I et II.
2. *Essai d'une philosophie de la solidarité*, conférences et dis-
cussions, 1901-1902 ; *Les applications sociales de la solidarité*,
conférences, 1902-1903. (Paris, Félix Alcan.)

je viens de citer les noms. Je ne vois pas notamment comment peut intervenir ici l'idée
d'un quasi-contrat, qu'on a souvent invoquée.
Je ne vois pas ce que cette expression, que
l'on détourne du sens précis qu'elle a dans la
technique du droit romain et du Code civil,
ajoute de précision à la notion de solidarité
sociale. Dans la solidarité je ne vois que le fait
d'interdépendance unissant entre eux par la
communauté des besoins et la division du travail les membres de l'humanité et particulièrement les membres d'un même groupe social.
J'ajoute qu'on a fait depuis quelques années un
abus si étrange de ce beau mot de solidarité
que j'hésite maintenant à l'employer. Il n'y a
pas de politicien de village qui ne parle de la
solidarité sociale, sans comprendre au reste la
portée de ces mots. Aussi préféré-je dire l'interdépendance sociale.

Les hommes sont donc soumis à une règle
sociale fondée sur l'interdépendance qui les
unit. Cette règle il faut nécessairement qu'elle
existe. Si l'on en contestait le fondement, je
n'hésiterai pas à la *postuler* comme disent les
philosophes. De même qu'Euclide a fondé
tout son système de géométrie sur le postulat des parallèles, de même l'homme moderne

peut-il fonder tout le système politique et social sur le postulat d'une règle de conduite
s'imposant à tous.

J'ajoute seulement sur ce point deux obser-
vations. D'abord cette règle de conduite n'est
point une règle de morale, mais bien une règle de droit. Elle ne s'applique qu'aux mani-
festations extérieures de la volonté humaine ;
elle ne s'impose point à l'homme intérieur ;
elle est la règle de ses actes extérieurs, et non
pas celle de ses pensées et de ses désirs, ce
que doit être au contraire toute règle de morale. De plus elle n'impose à l'homme que les
actes ayant une valeur sociale et parce qu'ils
ont cette valeur. Notre règle n'est point fondée sur l'idée que l'on se forme d'une certaine
qualité en soi de l'acte commandé ou défendu,
mais sur l'effet social qu'est susceptible de
produire tel ou tel acte individuel. Notre règle est comme la loi organique de la vie sociale, sans donner d'ailleurs à ces expressions
plus de portée que celle d'une simple métaphore.

On voit par là en même temps, et c'est ma
seconde observation, quelle différence profonde sépare ma conception d'une règle sociale, que j'appelle la règle de droit, de l'an-

cienne conception du droit naturel [1]. Celle-ci est la conception d'un droit idéal, absolu, vrai d'une vérité géométrique, dont les hommes doivent travailler à se rapprocher constamment davantage. Notre règle de droit au contraire n'a rien d'absolu. Elle n'est point un idéal, mais un fait. Elle est essentiellement changeante comme les sociétés humaines ; elle dérive de leur structure infiniment variable ; c'est dire qu'elle varie avec les formes de vie si diverses que nous présentent les sociétés humaines.

Enfin la doctrine traditionnelle du droit naturel repose sur la reconnaissance à tout individu humain de certains droits qui lui appartiendraient naturellement, à cause de sa qualité d'homme, à cause, suivant l'expression du regretté Henry Michel [2], de l'éminente dignité de la personne humaine. Ces droits je les repousse énergiquement parce que ce sont des concepts métaphysiques *a priori*, qui ne peuvent point servir de fondement à un système politique positif.

Bien plus, cette règle sociale ne peut fonder

---

1. Cf. Gény, compte rendu de mon livre, L'État, le droit objectif, dans *Revue critique de la législation*, 1901, p. 508.

2. *L'idée de l'État*, 1896, p. 646.

ni au profit de l'individu, ni au profit de la
société de véritables droits. Elle implique
seulement le pouvoir pour les individus, qui
détiennent la force, d'organiser une réaction
sociale contre ceux qui violent cette règle.
Elle implique aussi pour tous le pouvoir d'accomplir librement les obligations qu'elle
impose. En un mot elle ne donne à aucune
personne, ni à la collectivité, ni à l'individu,
des droits subjectifs, c'est-à-dire le pouvoir
d'imposer comme telle sa personnalité, personnalité collective ou individuelle. Elle fait
seulement à tout individu, dans le milieu social,
une certaine situation étroitement dépendante
de celle des autres, et qui l'astreint à une certaine attitude active ou passive. Elle implique
pour tous un certain état dérivant d'elle et que
nous pourrions qualifier de *situation objective*
pour l'opposer au *droit subjectif* que je nie.
Ainsi personne n'a dans le monde social d'autre
pouvoir que celui d'exécuter la besogne que
lui impose la règle sociale, ou, si l'on veut,
que lui impose la situation qu'il a dans le système d'interdépendance unissant les membres
d'un même groupe social.

Si vous voulez bien accepter ces expressions de *droit subjectif* et de *droit objectif*, je

dirai en deux mots qu'aujourd'hui, à mon sens,
est en train de se constituer une société d'où
la conception métaphysique de *droit subjectif*
est exclue pour faire place à la notion de *droit
objectif*, impliquant pour chacun l'obligation
sociale de remplir une certaine mission et le
pouvoir de faire les actes qu'exige l'accomplissement de cette mission.

Cette doctrine, je l'ai développée il y a déjà
sept années, à une époque[1], où, je dois l'a-
vouer, je n'avais pas encore lu le *Système de
politique positive* d'Auguste Comte. J'y ai été
confirmé par la lecture du passage suivant, que
je voudrais bien qu'on affichât... à la Chambre des députés : « Le mot *droit*, écrit Auguste
Comte, doit être autant écarté du vrai langage
politique que le mot *cause* du vrai langage
philosophique. De ces deux notions théolo-
gico-métaphysiques, l'une (celle de droit) est
désormais immorale et anarchique, comme
l'autre (celle de cause) est irrationnelle et
sophistique... Il ne peut exister de droit véritable qu'autant que les pouvoirs réguliers
émanèrent de volontés surnaturelles. Pour
lutter contre ces autorités théocratiques, la

1. Voir le livre déjà cité : *L'État, le droit objectif et la loi positive*, 1901.

métaphysique des cinq derniers siècles introduisit de prétendus droits humains qui ne
comportaient qu'un office négatif. Quand on
a tenté de leur donner une destination vraiment organique, ils ont bientôt manifesté leur
nature anti-sociale en tendant toujours à consacrer l'individualité. Dans l'état positif qui
n'admet pas de titre céleste, l'idée de droit
disparaît irrévocablement. Chacun a des devoirs et envers tous, mais personne n'a aucun
droit proprement dit... En d'autres termes
nul ne possède plus d'autres droits que celui
de toujours faire son devoir » [1].

Ainsi sur le fondement de l'élimination des
droits subjectifs se constitue un nouveau régime politique et social. C'est ce que je voudrais essayer de montrer dans la suite de ces
conférences.

[1]. Auguste Comte, *Système de politique positive*, édit. 1890,
t. I, p. 361.

II

J'ai déjà défini le *droit subjectif* le pouvoir
reconnu d'une personne de s'imposer comme
telle à d'autres personnes, quelle que soit
d'ailleurs la personne considérée, individuelle
ou collective. De la personne titulaire du droit
on dit qu'elle est le *sujet* de ce droit; de la personne à laquelle on oppose le droit, on dit quelquefois qu'elle est le *sujet* passif de ce droit.
La définition que j'ai donnée du droit subjectif se présente avec des variantes où l'on aper-
çoit aisément l'influence de la doctrine hégé-
lienne. Ainsi l'on dit parfois que le droit
subjectif est le pouvoir d'une volonté collective ou individuelle de s'imposer comme telle
à une autre volonté[1]. Définition qui revient à
la première, parce que l'on considère alors la
manifestation par excellence de la personnalité, l'acte de volonté. A ces définitions on a
opposé la doctrine de Ihering, dont la formule
est bien connue : « Les droits sont des inté-

1. Jellinek, *System der subjektiven öffentlichen Rechte*,
2ᵉ édit., 1905, p. 4.

rêts juridiquement protégés »[1]. Ihering veut
dire : des intérêts protégés par l'intervention
réglée de la force collective. Sur cette définition un professeur très distingué, M. Michoud,
a essayé d'édifier toute une théorie pour démontrer que l'existence d'un droit subjectif
n'implique pas l'existence d'une volonté titulaire de ce droit, et que par conséquent peuvent avoir la personnalité juridique des
éléments dénués de volonté[2]. Mais notre savant collègue n'a pas vu que la définition de
Ihering, si elle n'est point inexacte, est in-
complète. Le droit subjectif peut avoir en
effet pour support un intérêt ; mais cet intérêt
ne peut constituer un droit que lorsqu'il est
voulu et un droit au profit seulement de la
personne qui le veut[3]. La définition de Ihe-

1. Ihering, *Esprit du droit romain*, édit. française, 1878,
t. IV, p. 326.
2. Michoud, *Théorie de la personnalité morale*, 1906.
3. Malgré qu'il en ait, M. Michoud arrive lui-même à cette
conséquence. A la page 105 de son beau livre, *La théorie de la
personnalité morale*, il définit le droit subjectif, « l'intérêt d'un
homme ou d'un groupe d'hommes, juridiquement protégé au
moyen de la puissance reconnue à une volonté de le représenter et de le défendre ». A la page 113, il écrit que les intérêts
collectifs et permanents de groupements humains peuvent être
élevés à la dignité de droits subjectifs, et le groupement traité
comme une personne morale, à la condition qu'il y ait une or-

ring en fin de compte revient à la nôtre, et l'essence du droit subjectif est bien un pouvoir de volonté, un *Wollendürfen*, un *Wollenkönnen*, comme disent les Allemands, sans que d'ailleurs je veuille rechercher la distinction extrêmement subtile qu'ils font entre ces deux expressions [1].

Par là on voit que la reconnaissance des droits subjectifs implique l'existence de certaines volontés, qui sont comme telles supérieures à d'autres volontés, de certaines

ganisation capable de dégager une volonté collective qui puisse représenter et défendre cet intérêt. Enfin aux pages 131 et 132 : « En face de cette théorie (la théorie du mandat), les Allemands en ont imaginé une autre, beaucoup plus subtile et élégante, *plus vraie aussi croyons-nous* : la théorie de l'organe... Quand il y a organe, c'est la personne juridique *qui agit elle-même* ; son organe n'est pas quelque chose qui soit distinct d'elle ; il est une partie d'elle-même..., car *l'organisation* dont il est le produit appartient à *l'essence de la personne morale.* » Ainsi notre savant collègue ne reconnaît de droits subjectifs aux collectivités qu'à la condition qu'un organe dégage une volonté collective qui puisse représenter et défendre cet intérêt. Quand cet organe existe, comme il est une partie de la personne collective elle-même, comme il appartient à l'essence de la personne morale, c'est la personne juridique *qui agit elle-même.* M. Michoud veut dire évidemment que c'est la personne juridique *elle-même* qui fait valoir son intérêt, qui *veut* son intérêt. Ainsi pour lui le droit subjectif est bien un *intérêt voulu par la personne même bénéficiaire de cet intérêt.* Et nous ne disons pas autre chose.

1. Cf. Jellinek, *System*, 2ᵉ édit., 1905, p. 47.

volontés qui sont d'une essence particulière.
Quand on dit par exemple que la puissance publique, que la propriété sont des droits subjectifs, ou cela n'a pas de sens, ou cela veut dire que
la volonté de la personne titulaire du droit de
puissance publique, du droit de propriété est,
de sa nature, supérieure à la volonté des personnes auxquelles s'impose le droit de puissance publique ou le droit de propriété. Dès
lors apparaît bien tout ce qu'a de métaphysique et de scolastique cette notion de droit
subjectif. Tous les concepts sans valeur
d'essence, de substance réapparaissent. Et
Auguste Comte avait cent fois raison de dire
que la notion de droit (subjectif) n'était possible qu'avec l'acceptation d'une puissance
supra-terrestre conférant ces droits, mais
qu'elle ne pouvait être conservée dans le stade
positif de l'évolution générale des sociétés
humaines.

Si cette notion de droit subjectif s'est main-
tenue jusqu'à nos jours, c'est assurément par
l'armature puissante dont les juristes romains
l'ont revêtue. Du pouvoir de fait d'imposer
aux individus une plus grande force, ils ont
fait deux droits subjectifs, l'*imperium* ou la
puissance publique, quand ce pouvoir appar-

DUGUIT. 2

tient à la collectivité ou à ses représentants,
le *dominium* ou la propriété, quand ce pouvoir
appartient à des individus. Et les parties de
la doctrine étaient si fortement liées ensemble qu'on y a longtemps vu et que beaucoup
y voient encore des vérités absolues, quand
ce n'étaient que les solutions contingentes de
problèmes sociaux bien différents de ceux qui
se posent aujourd'hui.

L'*imperium*, c'est le droit subjectif de commander, droit absolu, indivisible, existant par
lui-même. C'est la puissance publique s'imposant sans d'autre raison que celle-ci : elle est
la puissance publique. Elle a eu pour titulaire
la cité, le peuple romain, l'empereur ; peu
importe. Investi de l'*imperium* le représentant de la collectivité impose sa volonté, et
cela constitue son droit. Cette volonté se manifeste sous des formes diverses : elle légifère,
elle administre, elle juge. Ce sont là des mo-
dalités qui n'affectent point le caractère essentiel de cette volonté : elle peut s'imposer aux
individus parce qu'elle est supérieure à leur
propre volonté.

Quant aux droits de l'individu, ils se syn-
thétisent dans le *dominium,* dont la construction est encore peut-être plus fortement cimen-

tée que celle de l'*imperium*. C'est le pouvoir
absolu appartenant à certains individus de disposer d'une certaine quantité de richesse et
d'imposer à quiconque le respect de ce pouvoir. C'est un droit absolu dans ses effets : il
comprend les droits d'user, de jouir et de disposer. C'est un droit absolu dans son exercice :
il s'impose au respect de tous. C'est un droit
absolu dans sa durée : il ne peut recevoir ni
terme, ni condition résolutoire ; et il implique
le pouvoir de disposer après décès. D'autre
part nul ne peut être grevé d'une charge au
profit d'un autre individu et nul ne peut exiger
de quiconque l'accomplissement d'une charge
que lorsqu'un contrat ou un quasi-contrat est
intervenu, rentrant dans un des cadres légalement reconnus. A cela une seule exception
est faite : la volonté peut être obligée en dehors
d'un contrat quand une certaine faute a été
commise.

Et ainsi tout le système avait été puissam-
ment construit sur la notion métaphysique *a
priori* de droit subjectif. Il a traversé les siècles. L'*imperium* et le *dominium* ont été cependant considérablement amoindris pendant la
période féodale, et l'on a pu voir, à un moment
très court de notre histoire, au XIII\ siècle, une

vaste société très cosmopolite, hiérarchisée et
intégrée, d'où ces notions romaines de puissance publique et de propriété absolue, d'*imperium* et de *dominium,* étaient à peu près
exclues. Mais lentement la monarchie française et ses légistes les ont réédifiées. A la fin
du xviiie siècle l'édifice était entièrement re-
bâti ; la Révolution et Napoléon n'avaient qu'à
y entrer. L'*imperium* et le *dominium* recevaient
de la législation révolutionnaire, des lois
administratives du Consulat et de l'Empire,
et surtout du Code civil, une structure,
sur le modèle romain, encore plus solide
et plus résistante que celle qui l'avait pré-
cédée.

Mais je crois bien que c'était pour la dernière fois. J'estime, et c'est ce que je voudrais
montrer dans la suite de ces conférences,
qu'aujourd'hui la société française va se débar-
rasser définitivement de ces concepts métaphysiques de *dominium* et d'*imperium,* élaborer un
régime politique duquel sera complètement
éliminée la notion de puissance publique, et
un régime économique et social duquel sera
complètement éliminée aussi la notion de *dominium,* c'est-à-dire la notion de propriété,
droit subjectif de l'individu. Je ne dis pas que

la propriété individuelle disparaisse ; je dis seulement qu'elle cesse d'être un droit indi- viduel pour devenir une fonction sociale. J'insisterai d'ailleurs exclusivement sur la transformation du régime politique.

III

Je sais bien ce qu'il y a de paradoxal pour un juriste, et surtout pour un professeur de droit public, à soutenir que la puissance publique n'existe pas, que c'est une notion qui ne répond point à la réalité, une notion qui fort heureusement est en train de disparaître, et disparaîtra sûrement dans un avenir très prochain. Et cependant, j'en suis profondément convaincu. La puissance publique n'est qu'une forme scolastique vide, un concept qui, à une certaine époque, a répondu à un besoin, a rendu des services, mais qui aujourd'hui est inutile et dangereuse.

Que l'affirmation de la puissance publique soit un pur *apriori*, il suffit pour s'en convaincre de lire les propositions des plus savants maîtres du droit public en Allemagne et en France. Je n'en citerai que deux, M. Jellinek pour l'Allemagne, M. Esmein pour la France. Le premier écrit : « La puissance publique est une puissance qui commande, qui ne dérive pas de plus loin, qui existe par sa propre force et ainsi un droit propre [1]. » Et M. Esmein : « Ce qui constitue en droit une nation, c'est l'existence dans cette société d'hommes d'une autorité supérieure aux volontés individuelles. Cette autorité, qui naturellement ne reconnaît point de puissance supérieure ou concurrente quant aux rapports qu'elle régit, s'appelle souveraineté [2]. » M. Esmein parle de souveraineté ; M. Jellinek de puissance publique (*Staatsgewalt*). Je ne recherche point s'il y a une différence entre les deux [3]. Les savants auteurs ont certainement en vue l'un et l'autre la puissance commandante de la collectivité personnifiée, et leur formule, on le voit, n'est que l'affirmation *a priori* de cette puissance publique conçue comme droit subjectif [4].

1. Jellinek, *Allgemeine Staatslehre*, 2e édit., 1906, p. 446.

2. Esmein, *Droit constitutionnel*, 4e édit., 1906, p. 1.

3. Cf. mon *Manuel*, p. 112-144, et la bibliographie qui y est donnée.

4. Sur la question de la souveraineté, cf. *Libres entretiens*, 17 novembre 1907, *État et gouvernement*. — M. Hauriou, nous le constatons avec un plaisir très vif, a fait, dans la 6e et dernière édition de son *Droit administratif*, 1907, un pas notable vers la négation complète de la souveraineté. Il écrit en effet à la p. ix de la préface : « Ainsi le moment est venu d'envisager l'État, non plus comme une souveraineté, non plus comme une loi, mais comme une institution ou un ensemble d'institutions ou, plus exactement encore, comme l'institution des institutions. Et, bien entendu, nous n'irons pas dire : « Il n'y a plus de souve-

Cependant cette puissance commandante, on a essayé de la justifier. On n'a trouvé que deux explications, le droit divin et la souveraineté nationale. Du droit divin, il ne vaut même pas la peine de parler. Il est évident que l'explication est sans valeur. Mais la justification tirée de la volonté nationale ne vaut pas davantage. Auguste Comte a pu très justement écrire : « En un mot cette loi (la loi de la politique positive) exclut avec la même efficacité l'arbitraire théologique ou le droit divin des rois, et l'arbitraire métaphysique ou la souveraineté du peuple. » Ainsi il y a plus d'un demi-siècle Auguste Comte avait déjà de sa main puissante ébranlé le dogme de la souveraineté nationale [1]. Tous les dogmes, qu'ils

« raineté » ou bien « il n'y a plus de loi » ou encore « la souve- « raineté ou la loi ne sont plus des éléments essentiels de l'État ». Nous tenons toujours la souveraineté ou la loi pour des éléments essentiels de l'État, mais ils ne sont plus au premier rang et ne jouent plus le premier rôle dans la combinaison pratique des forces.» Ce n'est pas peu de chose que le théoricien par excellence de la puissance publique reconnaisse que la souveraineté et la loi ne sont plus au premier rang et ne jouent plus le premier rôle... // Rap. Max. Leroy, *Les transformations de la puissance publique,* 1907.

1. *Système de politique positive,* édit. 1895, appendice, p. 103. Avant Comte Saint-Simon avait écrit : « L'expression *souveraineté par la volonté du peuple* ne signifie rien que par opposition à *souveraineté par la grâce de Dieu...* Ces deux dogmes an-

soient religieux ou politiques, meurent ainsi
les uns après les autres et comme l'a montré
M. Séailles[1], ils ne renaissent point.

Cependant on essaie encore de justifier le
principe de la souveraineté nationale, et toutes
les explications qu'on en donne se ramènent
au sophisme de Rousseau. Sans doute on ne
parle plus du contrat social; l'expression est
démodée. Mais on dit participation volontaire
des individus à la collectivité ; et le contrat social de J.-J. Rousseau n'était point autre chose.
« (Par le contrat) disait Jean-Jacques, il se
forme un corps moral et collectif..., lequel reçoit de ce même acte son unité, *son moi commun*, sa vie, sa volonté. Cette personne publique qui se forme ainsi par l'union de toutes
les autres prenait autrefois le nom de Cité, et
prend maintenant celui de République ou de

tagonistes n'ont qu'une existence réciproque. Ils sont les restes
de la longue guerre métaphysique qui eut lieu dans toute l'Eu-
rope occidentale, depuis la Réforme, contre les principes politiques du régime féodal... La métaphysique du clergé a mis en
jeu la métaphysique des légistes destinée à lutter contre elle.
Mais cette lutte est aujourd'hui terminée. » (*Du système industriel*, 1re *lettre au roi*, OEuvres, édit. Dentu, 1869, t. V, p. 210
et 211).

1. Séailles, *Les affirmations de la conscience moderne*, 1906,
l'article intitulé : *Pourquoi les dogmes ne renaissent pas?* p. 1
et suiv.

corps politique, lequel est appelé par ses membres État, quand il est passif, Souverain quand il est actif[1]... »

Que l'on rapproche de ce passage bien connu de Rousseau la dernière justification qui ait été proposée de la souveraineté nationale, on verra qu'elle n'en diffère que par la forme : « La souveraineté nationale, écrit M. Esmein, est la seule interprétation juridique exacte et adéquate d'un fait social incontestable et qui s'impose... (la puissance de l'opinion publique)... Placer la *souveraineté légale* là où réside nécessairement la souveraineté de fait ou d'opinion..., c'est traduire dans le droit aussi exactement que possible le fait inévitable. Reconnaître la souveraineté nationale..., c'est donner à l'opinion publique, force supérieure, une expression précise, une valeur juridique, une autorité légale[2]. »

Ces explications ressemblent à celles des anciens psychologues, qui, pour rendre raison des phénomènes d'ordre psychologique, plaçaient derrière eux une substance pensante qu'on appelait l'âme. Les théoriciens politiques, pour justifier un état de fait, la force

1. *Contrat social*, liv. I, chap. IV.
2. Esmein, *Droit constitutionnel*, 4e édit., 1906, p. 211.

gouvernante, affirment l'existence derrière elle d'une substance souveraine, la personnalité de la nation. Ils parlent de l'âme nationale, substance souveraine, et de ses attributs, comme on parlait autrefois de l'âme individuelle substance pensante et de ses facultés. Ce ne sont là que formules scolastiques [1], qui s'évanouissent au simple examen de la réalité. Il n'est pas nécessaire d'insister longtemps pour le montrer.

On est d'accord pour reconnaître que la manifestation par excellence de la puissance publique est la loi. Or, comment la loi est-elle faite en réalité ? Si elle est votée directement par le peuple, il se forme nécessairement

1. M. Le Fur, par exemple, écrit dans son beau livre : *L'État fédéral*, p. 596 : « Cette distinction entre la *substance* de la souveraineté, seule une et indivisible, comme ne pouvant appartenir qu'à une personne morale, elle-même une et indivisible, l'État, et l'*exercice* de la souveraineté, parfaitement divisible, est essentielle... » (Rap., p. 601 et 650). L'expression *attributs de la souveraineté* se rencontre fréquemment dans les *Éléments de droit constitutionnel* de M. Esmein, par exemple 4e édit., 1906, p. 6, 19, 218, 222, 223, 224, etc... Or chacun sait la place importante qu'occupaient dans la philosophie scolastique ces notions de *substance* et d'*attributs*. Saint Thomas définit la substance : « ... Essentiam cui competit sic *esse*, id est, per se *esse* » (*Somme théologique*, partie I, question III, art. 5, édit. Lachat, t. I, p. 66). Cette philosophie n'est plus aujourd'hui enseignée que dans les séminaires.

une majorité et une minorité, et c'est la majorité qui vote la loi. La loi n'est donc pas dans la réalité l'émanation de la volonté générale ; elle est faite seulement par la majorité des individus composant l'assemblée du peuple. Rousseau et après lui des hommes politiques et des théoriciens ont dit : « Quand l'avis contraire au mien l'emporte, cela ne prouve pas autre chose, sinon que je m'étais trompé et que ce que j'estimais être la volonté générale ne l'était pas [1]. » L'affirmation est hardie. Qui ne voit qu'elle est un pur sophisme? Le fait reste toujours là : la loi votée par l'assemblée du peuple est une loi votée par une majorité ; c'est la volonté d'un certain nombre d'individus qui prétend s'imposer comme telle à d'autres individus. Mais, dites-vous, cette assemblée est une personne dont la majorité exprime la volonté ; et c'est cette volonté collective qui s'impose. Vous n'en savez rien. Cette volonté collective, vous l'affirmez, vous ne la démontrez pas ; et si la psychologie positive a définitivement rejeté le concept d'âme individuelle [2], je ne vois pas comment la politique peut maintenir le concept d'âme collective. Il y a une loi

1. *Contrat social*, liv. IV, chap. II.
2. Cf. notamment Binet, *L'âme et le corps*, 1906.

votée par une majorité, par 10 000 citoyens par
exemple qui s'impose à 5 000 autres, je suppose ; il y a cela et rien de plus. Que la force
du nombre soit un fait, un fait d'importance
primordiale, c'est incontestable. Qu'il faille
assurer à tous le pouvoir de participer à la con-
fection de la loi, j'y donne les mains. Mais que
la force du nombre crée le droit subjectif de
puissance publique, je le nie absolument.

Avec le régime représentatif, c'est bien
mieux. Même dans les pays de suffrage universel, les lois sont en général votées par un
nombre de députés qui ne représente que la
minorité, non seulement du pays, mais même
du corps électoral. Cela a été démontré souvent, et je passe rapidement. Le corps électoral français comptant en chiffres ronds 11
millions d'électeurs, la Chambre élue en 1902
représentait 5 millions d'électeurs, c'est-à-dire
à peu près 47 pour 100 du corps électoral, et les
lois les plus importantes, par exemple la loi du
9 décembre 1905 sur la séparation des Églises
et de l'État, ont été votées par 341 députés
représentant exactement 2 647 315 électeurs,
c'est-à-dire moins du quart du corps électoral[1].

1. *Le Proportionnaliste,* 1er juillet 1905.

Ce qu'il y a tout à la fois de fictif et de dangereux dans le faux dogme de la souveraineté nationale fondé sur la loi du nombre a été bien souvent mis en relief et je ne veux pas m'étendre davantage[1]. Mais je ne puis pas ne pas citer ce que disait à ce sujet M. Clémenceau, Président du Conseil, dans l'éloquent discours qu'il prononçait le 11 février dernier à l'inauguration du monument de l'illustre Scheurer-Kestner. Rappelant le rôle joué par le grand citoyen dans l'affaire Dreyfus, « le sort en était jeté, a dit M. le Président du Conseil. Déjà la foule d'instinct courait au parti

---

1. Pour M. Esmein au contraire, « la loi de majorité est une de ces idées simples qui se font accepter d'emblée ; elle présente ce caractère que d'avance elle ne favorise personne et met tous les votants sur le même rang » (*Droit constitutionnel*, 4ᵉ édit., 1906, p. 225). — Voici ce que Proudhon pensait du suffrage *majoritaire* : « Si la monarchie est le marteau qui écrase le peuple, la démocratie est la hache qui le divise ; l'une et l'autre conclut également à la mort de la liberté. Le suffrage universel est une sorte d'atomisme par lequel le législateur ne pouvant faire parler le peuple dans l'unité de son essence, invite les citoyens à exprimer leur opinion par tête, *viritim...* C'est l'athéisme politique dans la plus mauvaise signification du mot, *comme si de l'addition d'une quantité quelconque de suffrages, pouvait jamais résulter une pensée générale...* Le moyen le plus sûr de faire mentir le peuple, c'est d'établir le suffrage universel... Quoi qu'on fasse et quoi qu'on dise, le suffrage universel, témoignage de la discorde, ne peut produire que la discorde » (*Solution du problème social*, t. VI des *OEuvres complètes*, 1868, p. 62 et 63).

de Barrabas. Ici la pensée s'arrête anxieuse.
Le nombre, le suffrage universel en défaut !
n'est-ce pas la loi même de la démocratie qui
se trouve mise en question ? Quoi ! nous ré-
clamons pour l'opinion publique une puissance de gouvernement et nous glorifions qui
osa lui résister ; nous célébrons la victoire
d'un seul sur la majorité... Eh bien ! non, hâ-
tons-nous de le dire, la démocratie n'est pas
le gouvernement du nombre, au sens où le
mot de gouvernement est entendu par les partisans de l'autocratie... Il faut bien que la
démocratie soit d'abord le gouvernement de
la raison, puisque le problème fondamental
qu'elle nous pose à toute heure est de mettre
l'homme en état de se gouverner lui-même
selon la moyenne des facultés communes de
raisonnement. Cette moyenne changeante,
c'est à des majorités successives que nous de-
mandons de la dégager plus ou moins heureusement. Mais si nous attendions de ces
majorités d'un jour l'exercice de la puissance
qui fut celle de nos anciens rois, nous n'au-
rions fait que changer de tyrannie [1]. »

1. *J. Officiel*, n° 13 février 1908.

IV

Donner à la nation, ou plutôt à la majorité qui exprime sa prétendue volonté, l'exercice de la puissance qui fut celle de nos anciens rois, la Révolution achevée en 1848 n'a point fait autre chose. La Révolution, a-t-on dit, a substitué le droit divin du peuple au droit divin du roi. Prise à la lettre la formule n'est point exacte. Mais elle exprime bien cependant la vérité historique : elle signifie que la Révolution a pris la notion de puissance publique telle que les légistes de l'ancienne France l'avaient empruntée au droit romain et restaurée au profit du roi, qu'elle a accepté cette puissance publique avec tous ses caractères de droit absolu, indivisible, inaliénable, imprescriptible, et qu'elle n'a fait qu'en changer le titulaire. Elle appartenait au roi ; elle appartiendra désormais à la nation personnifiée, exprimant sa volonté par la majorité du corps électoral.

Le lieu n'est point ici de montrer comment s'est élaborée dans notre histoire cette notion de puissance publique. Je rappelle seulement qu'elle vint répondre au besoin d'unification et de fusion des divers éléments sociaux. Jamais l'idée romaine d'*imperium* ne disparut complètement pendant le régime féodal. A mesure que le roi de France étendit son domaine, l'idée s'affirma plus nettement. Et comme dans la conception féodale la puissance se rattachait à la propriété, les légistes de la couronne forgèrent une théorie de la souveraineté royale en amalgamant les éléments de l'*imperium* et du *dominium*. Elle devint un droit subjectif, et en partie patrimonial, dont le roi est titulaire, un droit indivisible, inaliénable, imprescriptible, absolu dans ses effets et dans sa durée. Bodin[1], Loyseau[2] et Lebret[3], à la fin du XVIe siècle et au XVIIe, en sont les théoriciens. Les hommes de la Révolution acceptent cette théorie et déclarent que le titulaire de ce droit subjectif de souveraineté, ce n'est point le roi, mais la nation. Au reste rien n'est changé à la théorie. Le roi était une personne; la nation sera une personne. Son droit comme celui du roi sera

1. *Les six livres de la République*, édit. française, Lyon, 1693.
2. *Traité des seigneuries* et *Traité des offices*, Paris, 1640.
3. *De la souveraineté du roi*, Paris, 1642.

DUGUIT. 3

absolu dans ses effets et dans sa durée. Il sera aussi indivisible, inaliénable, imprescriptible. La Déclaration des droits de 1789, les constitutions de 1791, de 1793, de l'an III et de 1848 proclament ces principes[1]. A la faveur de ces textes, en France et en Allemagne, les juristes achèvent les théories de la souveraineté et en font une remarquable construction suivant toutes les règles de la vieille technique juridique : la souveraineté est le droit subjectif de donner des ordres inconditionnés ; l'État est la nation personnifiée fixée sur un territoire et titulaire de ce droit.

C'est la vraie doctrine démocratique, dira-t-on. Oui. Mais c'est aussi la doctrine qui sert aux légistes allemands pour fonder la toute puissance de l'empereur, aux Jacobins pour justifier l'omnipotence d'une Convention et aux collectivistes pour demander à l'État tout puissant de confisquer les instruments de production et de devenir par là plus puissant encore[2].

1. Déclaration des droits 1789, art. 3 ; const. 1791, tit. III, pr., art. 1 ; const. 1793, art. 1 et 7 ; const. an III, art. 1 et 2 ; const. 1848, art. 1.

2. Cf. un livre récent, G. Dazet, *Lois collectivistes pour 19...*, 1907.

Avec cette conception régalienne, en effet, l'État devient une puissance formidable. Déjà bien grande quand elle s'incarnait dans un homme, la puissance publique devient sans limite quand elle s'incarne dans la nation. L'État est alors vraiment le Léviathan de Hobbes[1]. Il absorbe tout ; il égalise tout ; il régente tout ; « il ne souffre à côté de lui aucune vie indépendante[2] » ; et sous prétexte d'égalité, il ne veut plus au-dessous de lui qu'une poussière d'individus impuissants et désarmés.

Pour limiter cette omnipotence de l'État on a bien formulé la théorie des droits individuels. On les a proclamés dans des déclarations solennelles ; et la constitution de 1791 (titre I) interdit expressément « au législateur de faire aucunes lois qui portent atteinte aux droits naturels (de l'homme) ». C'était une idée généreuse, et je suis de ceux qui pensent que la Déclaration des droits de 1789 a été un moment unique dans l'histoire du monde. Mais c'était une chimère de croire

---

1. Le livre célèbre de Hobbes parut en Anglais en 1651, sous ce titre : *Leviathan or the matter form and power of a commonwealth*. Rap. *De cive*, 1649.

2. Ed. Berth, *Le Mouvement socialiste*, 3e série, I, p. 6.

que par là on pouvait limiter effectivement
l'action de l'État. D'abord la doctrine des droits
individuels était théoriquement insoutenable.
On l'a souvent démontré et je n'y insiste pas[1].
D'autre part il n'y avait pas de moyen d'organiser pratiquement une répression efficace des
empiétements de l'État souverain sur les
droits de l'individu. L'exemple du Sénat con-
servateur du Consulat et de l'Empire en est la
preuve. Enfin l'État pouvant toujours apporter une restriction aux droits de chacun dans
l'intérêt des droits de tous et étant seul juge
de cette restriction, il ne trouve en réalité
d'autres limites à son action que celles qu'il
se fixe à lui-même[2]. Aussi les Déclarations
des droits n'ont-elles empêché ni la tyrannie
sanguinaire de la Convention, ni le despotisme
de Napoléon, ni le coup d'État de 1851, ni les
lois de sûreté générale du second Empire[3], ni

1. Cf. *Manuel de droit constitutionnel*, 1907, p. 6 et suiv.
2. C'est ce que J.-J. Rousseau disait très nettement : « On
convient que tout ce que chacun aliène par le pacte social de sa
puissance, de ses biens, de sa liberté, c'est seulement la partie
de tout cela dont l'usage importe à la société... Mais il faut con-
venir que le souverain seul est juge de cette importance »
(*Contrat social*, liv. II, chap. IV, intitulé : *Des bornes du pouvoir souverain*).
3. Loi du 9 juillet 1852, qui permet l'interdiction par voie
administrative du séjour dans le département de la Seine et dans

les lois de dessaisissement[1] et de spolia-
tion[2] de la troisième République.

Tel est le régime politique issu du droit romain

l'agglomération lyonnaise et surtout la loi de sûreté générale du
25 février 1858 (elle ne trouva au sénat qu'un seul opposant)
qui autorise pour certaines personnes, par décision du ministre
de l'intérieur, l'internement dans un département de France ou
d'Algérie, ou l'expulsion du territoire français.

1. Loi 1er mars 1899, portant modification de l'art. 445 du
Code d'instruction criminelle, qui fut proposée par le gouvernement et votée par les chambres dans le but et eut pour résultat d'enlever à la Chambre criminelle de la Cour de cassation la
connaissance de la première demande en revision du procès
Dreyfus, dont elle était régulièrement saisie. Cf. l'exposé des
motifs du gouvernement et le rapport de M. Bisseuil au Sénat
(J. off., 31 javier 1899, Déb. parlement. et Doc. parlement.,
Sénat, p. 75). Dans son rapport à la Chambre, M. Renault-
Morlière eut le courage, qui honore grandement sa mémoire, de
combattre le projet de loi (J. off., 1899, Doc. parl., p. 177).

2. La loi du 7 juillet 1904 a certainement ce caractère. Elle
déclare supprimées toutes congrégations autorisées à titre de
congrégations exclusivement enseignantes (ar. 1, § 2). L'art. 5
règle le mode de liquidation des congrégations ainsi supprimées;
il est dit au § 2 : « ... Après le prélèvement de pensions prévues
par la loi du 24 mai 1825, le prix des biens acquis à titre oné-
reux, ou de ceux qui ne feraient pas retour aux donateurs... servira
à augmenter les subventions de l'État pour construction ou
agrandissement de maisons d'écoles et à accorder des subsides
pour location. » Assurément le législateur peut par voie de mesure générale modifier le régime de la propriété. Mais ici c'est
une disposition spéciale qui modifie une affectation légalement
établie, et qui la modifie en violation certaine des actes de volonté individuelle légaux, qui avaient été la condition de cet
établissement. Une pareille loi est vraiment une loi de spolia-
tion.

et achevé par la Révolution. Mais cette forme
d'État, les hommes du xxᵉ siècle n'en veulent
plus. Ils n'en veulent plus parce qu'elle repose sur un dogme et qu'ils ne croient plus
aux dogmes d'aucune espèce. Ils n'en veulent
plus parce qu'elle est un instrument de domination et qu'elle peut à tout moment devenir
une tyrannie.

Je repousse énergiquement (je l'expliquerai
dans la 3ᵉ conférence) la plupart des doctrines
du *syndicalisme révolutionnaire* ; mais je sous-
cris cependant à ce que dit M. Édouard Berth,
un des plus distingués représentants de cette
école, quand il écrit dans le *Mouvement socialiste* : « En France la notion d'État a subi dans
la conscience ouvrière le déclic formidable
que l'on sait... Il s'est produit cette chose
énorme, cet événement de portée incalculable,
la mort de cet être fantastique, prodigieux,
qui a tenu dans l'histoire une place si colossale..., l'État est mort [1]. »

Oui l'État est mort; ou plutôt est en train de
mourir la forme romaine, régalienne, jacobine,
napoléonienne, collectiviste, qui, sous ces
divers aspects, n'est qu'une seule et même

---

1. *Mouvement socialiste*, octobre 1907, 3ᵉ série, I, p. 314.

forme de l'État. Mais en même temps se constitue une autre forme d'État plus large, plus
souple, plus protectrice, plus humaine, dont
il me reste à déterminer les éléments.

Ils sont au nombre de deux : la conception
d'une règle sociale s'imposant à tous ou *droit
objectif*, et la *décentralisation* ou le *fédéralisme
syndicaliste*[2]. Leur étude formera l'objet des
deux prochaines conférences.

2. Cf. Max. Leroy, *Les transformations de la puissance publique*, 1907 ; L. Rolland, *Revue du droit public*, 1907, p. 265.

DEUXIÈME CONFÉRENCE

MESDAMES, MESSIEURS,

Je disais en terminant la conférence précédente que la forme romaine et régalienne de l'État disparaissait pour faire place à un régime politique plus souple, plus humain, plus protecteur de l'individu, et reposant sur deux éléments, d'une part la conception du *droit objectif* ou d'une règle sociale, fondée sur le fait de l'interdépendance qui unit les membres de l'humanité et particulièrement les membres d'un même groupe social, règle qui s'impose à tous, forts et faibles, grands et petits, gouvernants et gouvernés, — et d'autre part la *décen-*

tralisation ou le *fédéralisme syndicaliste*. Je crois que nous marchons vers une sorte de fédéralisme de classes organisées en syndicats et j'estime que ce fédéralisme se combinera avec un pouvoir central toujours maintenu, toujours vivant, mais ayant un caractère et une action tout à fait différents de ceux qui appartenaient à l'État régalien, et se réduisant à un contrôle, à une surveillance.

Cette transformation du pouvoir central sur la base du *droit objectif,* je la résumerai dans les quatre propositions suivantes :

1. — La puissance publique cesse d'être un droit. On reconnaît qu'elle n'est qu'un fait. L'État cesse d'être une personne juridique investie du droit subjectif de commander. Il y a le fait État lorsque dans une société déterminée un individu, un groupe ou une majorité monopolisent la plus grande force. Je les appelle les gouvernants.

2. — Ces hommes, individus ou groupes, qui monopolisent la plus grande force, n'ont aucun droit. Mais membres de la société, ils sont soumis à la règle de droit, dont nous avons indiqué au début de la première conférence le fondement et la portée, et comme te's tenus d'employer la plus grande force dont ils

disposent à assurer le respect, l'application de la règle de droit.

3. — Ils peuvent imposer leur volonté aux autres individus, non pas d'une manière absolue parce qu'elle serait une volonté supérieure, mais d'une manière toute relative, parce qu'elle oblige seulement dans la mesure où elle est conforme à la règle de droit.

4. — Le rôle des gouvernants doit forcément diminuer chaque jour et se réduire à la surveillance et au contrôle, parce que toutes les fonctions économiques et sociales vont peu à peu se répartir entre les différentes classes sociales, qui acquièrent, par le développement du syndicalisme, une structure juridique définie, et pourront ainsi, sous le contrôle des gouvernants, donner l'impulsion et la direction à la part de travail social qui leur incombe.

I

Je dis d'abord que la puissance publique
n'est pas un droit, mais un simple fait, un fait
de plus grande force. A vrai dire ce n'est là
que le résumé de la conférence précédente. Il
y a toujours eu et il y aura probablement toujours dans les sociétés un individu, une
classe, une majorité qui, en fait, par suite de
circonstances infiniment diverses, concentrera
la force de contrainte. On a dit qu'en France,
depuis la Révolution, la classe qui détient
ainsi la plus grande force est la bourgeoisie
capitaliste, parce qu'elle dispose de la puissance économique et que le pouvoir politique
suit toujours la puissance économique. On a
dit encore que depuis 1848 il y a en France une
contradiction flagrante entre le fait et le droit,
de laquelle vient en partie le malaise de
l'époque moderne, une contradiction entre le
principe du suffrage universel donnant aux
prolétaires qui sont le nombre la puissance
politique et le régime économique faisant du

prolétaire le salarié, presque l'esclave du capitaliste.

Déjà, en 1893, M. Jaurès s'écriait à la Chambre des députés : « Et ce roi de l'ordre politique (le prolétaire) est jeté dans la rue[1]. » S'inspirant de la même idée, M. Viviani, ministre du travail et de la prévoyance sociale, disait récemment à Sceaux : « La vérité, c'est que le suffrage universel a abouti à créer des difficultés sur lesquelles je dois attirer votre attention. Le jour où on a remis un bulletin de vote à tous les citoyens, même à ceux qui ne possèdent rien, on a créé un contraste effrayant entre l'homme qui vote et l'homme qui travaille. Devant l'urne, il est souverain ; à l'usine il est sous le joug. Il est amené à comparer sa souveraineté politique à sa dépendance économique ; et c'est de cette comparaison que sortent toutes les turbulences, toutes les agitations[2]. »

Si cette contradiction entre le fait et le droit est vraie, il semble en résulter que la classe prolétarienne, qui a le nombre, doit tâcher à prendre la puissance politique effective par la conquête du pouvoir et la socialisation des

1. Séance du 21 novembre 1893.
2. *Le Temps*, 25 février 1908.

instruments de production. C'est la tactique
que prêchent certains socialistes[2]. Je ne sais
pas et ne veux pas savoir ce qu'elle vaut. Mais
j'estime que l'évolution politique ne s'oriente
point en ce sens. Je crois que nous marchons
progressivement, au reste avec des heurts et
des à-coups, vers une forme politique où la
plus grande force appartiendra, non point à
une classe plus ou moins privilégiée, mais à
une véritable majorité composée des représentants de toutes les classes de la nation et
de tous les partis. On a montré dans la précédente conférence que le suffrage universel
inorganique, tel qu'il est sorti de la Révolution de février, aboutissait à faire voter les
lois par les représentants d'une minorité. Mais
un pareil état de chose ne peut pas durer.

2. V. notamment le manifeste du *Parti socialiste français*
(parti socialiste indépendant qui comprend notamment les députés socialistes non unifiés), manifeste publié à l'occasion des élec-
tions municipales du 3 mai 1908 et qui débute par ces mots :
« Si l'organisation syndicale ouvrière est nécessaire au premier
chef pour les luttes quotidiennes contre la classe capitaliste et
pour donner aux prolétaires la claire conscience de leurs intérêts solidaires, elle doit être poursuivie parallèlement à l'action
politique qui peut seule permettre au prolétariat organisé la
conquête de tous les pouvoirs publics. Parmi ceux-là, le pouvoir
municipal est un de ceux qu'il appartient d'acquérir. » (*Le
Temps*, 17 avril 1908.)

Tous les membres de la société doivent être vraiment associés à la puissance politique, et nous marchons, je ne puis me tenir de le croire, vers une forme organique du suffrage universel, assurant la prépondérance à une véritable majorité, formée par la participation consciente et réglée de toutes les classes et de tous les partis.

La domination de classe doit finir ; nous repoussons celle de la classe prolétarienne comme celle de la classe bourgeoise. Peut-être me fais-je illusion ; mais il me semble que les progrès considérables qu'a faits depuis quelques années, dans tous les partis et dans toutes les régions du pays, l'idée de représentation proportionnelle des partis (combinée avec la représentation professionnelle dont je parlerai dans la prochaine conférence) est une preuve que l'évolution s'accomplit bien dans le sens que j'indique. C'est un devoir pour chacun de travailler dans la mesure de ses forces à la réalisation de cette réforme et à la suppression du scrutin uninominal et majoritaire, qui est un instrument de démoralisation et de corruption universelles [1].

1. La Chambre arrivée à l'expiration de ses pouvoirs au mois de mai 1906 était saisie par sa commission du suffrage universel

Les gouvernants sont donc les représentants de cette majorité formée de la participation consciente et réglée de tous les partis et
de toutes les classes. Par là, en fait, ils détiennent la plus grande force et disposent de la
contrainte matérielle. De droit, ils n'en ont
point ; ils ne peuvent pas en avoir. Mais, soumis à la règle de droit, ils doivent employer
leur plus grande force à réaliser l'application
de cette règle, en la constatant, en réprimant
tous les actes individuels qui la violent, en

de deux projets, l'un tendant au rétablissement du scrutin de
liste (M. Buyat, rapporteur), l'autre tendant à l'établissement
de la représentation proportionnelle (M. Charles Benoist). La
fin de la législature est arrivée sans qu'on ait abordé la discussion de ces projets. La Chambre élue en 1906 a renvoyé à sa
commission du suffrage universel les rapports de M. Buyat et de
M. Charles Benoist. M. E. Flandin a été chargé du rapport sur
la représentation proportionnelle en remplacement de M. Charles
Benoist devenu président de la commission. Récemment les jour-
naux publiaient la note suivante : « Le bureau de la commission du suffrage universel a fait lundi matin, auprès du président
du Conseil, la démarche dont il avait été chargé. A la suite de
cet entretien, il a été arrêté d'un commun accord : 1º que la
commission étudierait le plus tôt possible les nouveaux projets
intéressant la réforme électorale ; 2º que le gouvernement en
délibérerait dès la rentrée de mai ; 3º que des dispositions seraient prises dans la session d'octobre, afin que la discussion sur
l'ensemble de la réforme puisse venir devant la Chambre tout
de suite après la discussion du budget et au plus tard au com-
mencement de 1909 » (*Petite Gironde*, 24 mars 1908). Cf. Poin-
caré, *Revue*, nº avril 1908.

sanctionnant tous les actes individuels qui y sont conformes. Ils n'ont en un mot d'autre pouvoir que celui d'accomplir l'obligation d'employer leur force à protéger l'interdépendance sociale. Et cela entraîne une série de conséquences.

———

II

D'abord, une conception de la loi toute différente de la conception révolutionnaire[1]. On
sait que la Déclaration des droits de 1789
(art. 6) définissait la loi l'expression de la volonté générale. D'où il résultait que ce qui fait
la force obligatoire de la loi, c'est qu'elle est
voulue par la collectivité et qu'est loi tout ce
qui est voulu par la collectivité. La loi, dit-
on[2], a une force particulière, un caractère spécial, parce qu'elle émane d'une volonté qui a
elle-même une nature particulière. C'est la
volonté de la collectivité personnifiée dans
l'État, d'une essence différente de la volonté
des individus. Ceux-ci n'ont donc qu'à se sou-
mettre à la loi quoi qu'elle commande, parce
qu'elle a une force transcendante qui s'impose

1. Cf. *Revue du droit public*, 1908, p. 5, le très intéressant
article de M. Deslandres, intitulé : *Étude sur le fondement de la
loi* ; Dicey, *Le droit et l'opinion publique*, édit. franç., 1906.
2. M. Esmein, par exemple, écrit : « ... la loi (est) le commandement du souverain et elle tire sa force obligatoire de
l'autorité dont elle émane » (*Droit constitutionnel*, 4ᵉ édit, 1906,
p. 38).

à eux. D'où ce fétichisme de la loi qu'a si bien mis en relief M. Édouard Berth dans un article du *Mouvement socialiste* que j'ai déjà cité : « La démocratie parlementaire, écrit-il, n'est-ce pas le droit divin de la puissance magique de l'État passée du roi aux partis chargés de traduire la soi-disant souveraineté du peuple?... La loi qui émane de nos parlements modernes est entourée d'un respect plus superstitieux que ne l'ont jamais été les rois les plus absolus et l'on peut dire que le légalitarisme moderne est plus asservissant encore que l'ancien loyalisme [1]. »

La vérité c'est que la loi est l'expression non point d'une volonté générale qui n'existe pas, non point de la volonté de l'État qui n'existe pas davantage, mais de la volonté des quelques hommes qui la votent. En France la loi est l'expression de la volonté des 350 députés

1. *Mouvement socialiste*, juillet 1907, 3e série, I, p. 11. — Herbert Spencer a écrit : « La grande superstition de la politique d'autrefois, c'était le droit divin des rois. La grande superstition de la politique d'aujourd'hui, c'est le droit divin des parlements. L'huile d'onction, semble-t-il, a glissé sans qu'on y prenne garde, d'une seule tête sur celles d'un grand nombre, les consacrant eux et leurs décrets. On peut trouver irrationnelle la première de ces croyances ; il faut admettre qu'elle était plus logique que la dernière... » (*L'individu contre l'État*, édit. française, 1885, p. 116).

et des 200 sénateurs, qui forment la majorité habituelle à la Chambre et au Sénat. Voilà le fait. En dehors de cela il n'y a que fictions et formules vaines ; nous n'en voulons plus.

Si la loi est l'expression de la volonté individuelle des députés et des sénateurs, elle ne peut s'imposer comme telle aux autres volontés. Elle ne peut s'imposer que si elle est la formule d'une règle de droit, ou la mise en œuvre de cette règle, et dans la mesure où elle est cela. Toutes les lois en effet se divisent en deux grandes catégories : celles qui formulent une règle de droit et celles qui prennent des mesures pour en assurer l'application. J'ai appelé les premières lois *normatives*, et les secondes lois *constructives*[1]. Mais peu importe les mots. Ni les unes ni les autres ne contiennent à vrai dire de commandement adressé par une volonté supérieure à des volontés subordonnées. Elles sont cependant obligatoires, parce qu'elles sont la formule ou la mise en œuvre d'une règle obligatoire par elle-même.

On comprend dès lors pourquoi et comment les lois sont obligatoires même pour ceux qui les ont faites, pour les gouvernants ou, comme

1. Cf. *L'État, le droit objectif et la loi positive*, 1901, p. 551 et suiv.

on le dit habituellement, pour l'État. La loi
est aussi rigoureusement obligatoire pour le
Parlement qui l'a votée que pour le particulier
auquel elle s'adresse. Si l'on voit dans la loi
un ordre formulé par l'État-personne, et si
l'on fait du Parlement le mandataire représentatif ou l'organe juridique de l'État, je mets
qui que ce soit au défi d'expliquer comment
le Parlement peut être lié par la loi qu'il a
faite, et les Anglais sont parfaitement logiques,
quand ils disent que le Parlement peut tout
faire, excepté cependant changer un homme
en femme.

Les juristes allemands, à la suite de Ihering,
de M. Jellinek, enseignent la théorie subtile de
l'*auto-limitation* de l'État. L'État, disent-ils, est
lié par la loi qu'il fait, parce qu'il se limite
volontairement par cette loi ; il peut le faire,
ajoutent-ils, sans que sa souveraineté soit
atteinte, puisque la souveraineté est la faculté
d'*auto-détermination,* qu'en s'auto-limitant l'État
s'auto-détermine et reste ainsi souverain quoique subordonné à sa propre loi [1].

1. Cf. Ihering, *Der Zweck im Rechte,* I, p. 241 ; Jellinek,
Gesetz und Verordnung, 1887, p. 197 ; *Allegemeine Staatslehre,*
2ᵉ édit., 1905, p. 357. Pour la critique que j'ai essayé de faire
de cette doctrine, voy. *L'État, le droit objectif...,* p. 105 et s.,
et *Manuel,* 1907, p. 54.

C'est très ingénieux ; mais cela ne prouve
rien. En effet, dire que le Parlement, qui fait
la loi et qui représente l'État, est lié parce qu'il
veut, tant qu'il veut et dans la mesure où il
veut être lié par la loi, c'est dire précisément
qu'il ne l'est point. Cela est tellement vrai que
les théoriciens de l'auto-limitation, comme
M. Jellinek, enseignent que la loi n'est pas
nécessairement une disposition par voie générale, qu'il peut y avoir des lois individuelles[1].
C'est dire que le Parlement peut toujours apporter une dérogation individuelle à la loi
générale qu'il a votée, qu'il peut toujours se
soustraire à l'application de la loi.

1. Jellinek, *Gesetz und Verordnung*, 1887, p. 232 ; *Allgemeine Staatslehre*, 2° édit., 1905, p. 595. Rap. Laband, *Droit
public*, édit. franç., 1901, t. III, p. 260.

III

La conception de la loi que j'expose a ren-
contré d'assez vives objections que je ne puis
passer sous silence.

D'abord, a-t-on dit, c'est une théorie anarchiste ; il n'y a pas une société qui puisse vivre
avec une pareille conception de la loi[1].
L'obéissance passive à la loi est la condition
nécessaire de toute vie sociale. La théorie précédente reconnaît à chaque individu le droit
de refuser obéissance à une loi, sous le prétexte qu'elle n'est pas conforme à la notion
qu'il se forme de la règle de droit ; c'est dès
lors la désorganisation générale. Au moins

---

1. M. Esmein conclut sa longue et courtoise critique de ma
doctrine en disant : « Si l'on nie la souveraineté, de deux choses
l'une : ou pas de lois, ni de gouvernement, et c'est la chimère
anarchiste..., ou bien les lois ne peuvent être que des transac-
tions entre les différentes forces ou classes qui existent en fait
dans la nation. » (*Droit constitutionnel*, 4ᵉ édit., 1906, p. 40.)
Je crois ne point être un anarchiste ; mais je crois et j'espère
montrer dans la troisième conférence, qu'en effet nos sociétés
modernes évoluent vers un état de droit reposant essentiellement sur l'accord des différentes classes sociales.

faut-il affirmer, dit-on[1], que toute loi est présumée conforme au droit et doit, jusqu'à preuve du contraire, s'imposer à l'obéissance des citoyens.

L'objection, qui paraît grave, ne me touche guère. Je puis la retourner et dire que ma théorie de la loi est au contraire essentiellement sociale, parce qu'elle astreint les gouvernants à n'édicter que des lois sur le caractère juridique desquelles il ne puisse pas s'élever de doute. Je sais bien que la vérité juridique ne s'impose point avec l'évidence d'une formule mathématique. Mais il n'en est pas moins vrai que certaines règles de droit ont à un moment donné pénétré si profondément et si généralement la conscience des hommes, que toute loi, qui n'aura d'autre but que d'assurer l'application d'une semblable norme, rencontrera certainement une adhésion quasi unanime.

Mais, dira-t-on, le nombre des lois répondant à ces conditions sera très restreint. Sans doute. Et le mal n'est pas grand. C'est à mon avis une grande erreur de croire que le progrès social se mesure au nombre des lois nou-

---

1. Gény, Compte rendu de mon livre : L'État, le droit objectif..., dans *Revue critique de législation*, 1901, p. 508.

velles qu'édictent les gouvernants. D'ailleurs dans un avenir, qui n'est peut-être pas éloigné, les gouvernants feront de moins en moins de lois, parce que les rapports des individus et des groupes seront surtout régis par des règlements conventionnels, je veux dire par des règlements résultant d'une entente entre deux ou plusieurs groupes, les gouvernants ne devant intervenir que pour leur donner une sanction, les contrôler et les surveiller.

D'autre part quand on parle de résistance à l'application de la loi, on a presque toujours en vue la résistance violente. Mais la résistance à des lois oppressives peut se manifester tout autrement. Il y a longtemps que les théologiens ont distingué la résistance passive, la résistance défensive et la résistance agressive et montré que celle-ci n'est légitime que comme dernier recours [1]. Si, comme je le crois, les groupes sociaux sont en train de s'intégrer dans l'intérieur de chaque société nationale et notamment en France, au moyen de formations syndicalistes, ils pourront organiser une forte et pacifique résistance à l'application des lois oppressives. Où serait le mal que le législateur

1. Cons. Chénon, *Théorie catholique de la souveraineté nationale*, 1898, p. 16 et suiv. et mon *Manuel*, 1907, p. 677.

fût averti que toute loi qui opprimerait une classe au profit d'une autre rencontrerait de la première, dans son application, une opposition fortement organisée ? Ne serait-ce même pas le devoir de tout parlement d'organiser cette résistance légitime ? La chose, il est vrai, n'est pas aisée. Avec la conception de la loi volonté souveraine, elle était impossible. Avec notre conception de la loi elle ne l'est point. Le principe s'en trouverait dans la création d'un haut tribunal composé également des représentants de toutes les classes sociales et jugeant, si je puis ainsi dire, la légalité de la loi[1].

Une autre objection m'a été adressée par mon jeune et brillant collègue M. Politis, professeur à la Faculté de droit de Poitiers. Comme moi, il admet l'existence d'une règle de conduite fondée sur l'interdépendance sociale ; mais pour lui elle est une règle morale plutôt que juridique. Elle n'est point, dit-il, impérative par elle-même ; elle ne le devient que

---

1. Cf. propositions de MM. J. Roche et Charles Benoist, tendant à la création d'une cour suprême pour statuer sur les réclamations des citoyens pour violation de leurs droits par le pouvoir législatif, J. off., doc. parl., Chambre, sess. ord. 1903, p. 97 et 99.

lorsqu'elle est formulée dans la loi positive. Ce qui le prouve, c'est qu'avant d'être formulée dans la loi positive, sa violation n'entraîne aucune répression et que les actes faits par les individus conformément à la règle ne produisent pas d'effet, ne sont pas socialement sanctionnés. La loi positive n'est donc pas, dit-il, la simple constatation de la règle sociale ; elle y ajoute quelque chose ; elle seule lui donne le caractère impératif.

Il me semble qu'en m'adressant cette objection, M. Politis a un peu confondu le caractère obligatoire de la règle et la sanction socialement organisée de cette règle. Assurément tant qu'il n'y a pas de loi écrite ou pas de coutume constatée, il n'existe pas de la règle de droit une sanction régulière et juridiquement organisée. Mais cela prouve-t-il que la règle sociale ne soit pas impérative par elle-même ? D'ailleurs l'expressiom *impérative* n'est pas bonne, parce qu'elle implique l'idée d'ordre donné. Or la règle de droit n'est point un ordre, mais une discipline de fait que l'interdépendance sociale impose à tout membre du groupe.

M. Politis admet le caractère impératif de la coutume et il l'explique par le consentement volontaire des hommes à la règle qu'elle contient. La loi serait la réalisation d'un degré de plus, et son caractère impératif s'expliquerait aussi par l'acceptation volontaire des individus auxquels elle s'adresse. — Cette acceptation volontaire, je ne la nie point ; mais elle ne peut rien ajouter à la règle elle-même, qui tire toute sa valeur de l'interdépendance sociale, ou du postulat admis une fois pour toutes. L'acceptation volontaire de la règle n'en est au fond qu'une conscience plus claire et plus précise, qui en facilite l'application et qui en assure la sanction. Au surplus, que M. Politis prenne garde. Son idée de « règle obligatoire parce que voulue par les hommes » le ramène bien près de l'ornière du contrat social.

Enfin on m'a dit encore : votre conception de la loi n'est qu'un retour à la théorie des Doctrinaires sur la souveraineté de la raison, laquelle n'est qu'une édition à peine revue de la vielle et caduque théorie du droit naturel[1].

1. M. Esmein écrit : « Cette thèse qui nie la souveraineté et le pouvoir constituant n'est point d'ailleurs nouvelle, mais seulement rajeunie par l'invocation de quelques idées assez vagues d'ailleurs, qui ont aujourd'hui la faveur soit en France, soit en Allemagne, comme le principe de la solidarité humaine et la conception de la règle de droit se suffisant à elle-même. C'est la

Mon Dieu! je sais bien que les Royer-Collard et les Guizot sont des personnages aujourd'hui un peu démodés. Et cependant ce
n'était pas si... bête de dire : la loi n'est souveraine et obligatoire que dans la mesure où
elle est conforme à la raison. Un homme qu'on
n'accusera point, je suppose, de n'être pas

doctrine qui, à diverses époques, a prétendu ne reconnaître
d'autre souveraineté que celle de la raison. C'est celle que Guizot défendait sous la Restauration (*Moyens d'opposition*, p. 67).
C'est celle que formulait encore le parti doctrinaire par la bou-
che de Royer-Collard (*Discours sur la pairie*, 1831). Dans les
droits et intérêts légitimes où celui-ci voit la base même de la
société politique, on trouve l'équivalent exact de la situation
juridique et de la règle de droit sur laquelle M. Duguit construit
tout son système (Esmein, *Droit constitutionnel*, 4e édit., 1906,
p. 36). — Je ne nie point qu'on puisse rapprocher, au point de
vue formel, ma doctrine des conceptions doctrinaires ; et je le dis
au texte. Mais je tiens à faire quelques précisions. M. Esmein
paraît se méprendre sur la place que je donne à la *situation juridique subjective*. Il en fait une des bases de mon système, quand
je me suis attaché à montrer qu'elle en était le point d'arrivée.
La situation de droit subjectif ne naît en effet que lorsqu'une
déclaration de volonté individuelle s'est produite conformément
à la règle de droit. Quant à la notion que je me forme du droit
objectif et de la règle de droit, elle est toute différente de la
conception doctrinaire *des droits et des intérêts légitimes*. Celle-ci
reposait évidemment sur les droits individuels déterminés *a
priori* par la raison ; mon affirmation de la règle de droit repose exclusivement sur un fait, le fait de l'interdépendance sociale, constaté par l'observation. La différence me paraît fonda-
mentale. Rap. Barthélemy, compte rendu de mon *Manuel*, dans
Revue du droit public, 1908, no 1, p. 161.

moderniste, M. Clémenceau, Président du Conseil, ne disait point autre chose dans le discours déjà cité : « Il faut bien, disait-il, que la démocratie soit d'abord le gouvernement de la raison [1]. » Il suffit de s'entendre sur ce qui est conforme à la raison. Si l'on dit : une loi n'est obligatoire que lorsqu'elle est conforme à certains principes rationnels, immuables, toujours les mêmes en tous temps et er tous pays ; c'est la doctrine du droit naturel, doctrine périmée et que je repousse énergiquement. Mais si l'on dit : une loi ne s'impose que lorsqu'elle est conforme aux conditions de vie actuelles, momentanées et changeantes d'une société donnée, déterminées par l'observation et l'analyse rationnelle de son évolution et de sa structure; c'est là, ce me semble, une doctrine tout à fait étrangère au droit naturel et aux conceptions *doctrinaires,* une doctrine d'ordre purement positif et d'inspiration vraiment scientifique. C'est celle que je défends.

1. *J. officiel,* 13 février 1908.

IV

En écartant la double notion de personnalité et de souveraineté de l'État, nous pouvons
fonder le principe d'une limitation effective et
étroite, négative et positive de l'action des
gouvernants. Je sais bien que la doctrine de
la souveraineté personnelle prétend qu'elle
aussi peut limiter l'action de l'État. C'est possible, quoique, on l'a vu, les faits semblent
prouver le contraire. En tous cas, elle ne peut
la limiter que négativement; elle ne peut pas
imposer à l'État des obligations positives. Les
Déclarations des droits et les constitutions de
1789, de 1791 et de l'an III, qui contiennent
l'expression la plus parfaite et la plus complète de la doctrine, ne parlent que d'une
limitation négative. « Le pouvoir législatif,
est-il dit, ne pourra faire aucunes lois qui
portent atteinte à l'exercice des droits naturels
de l'homme[1] », et rien de plus. D'où il suit
que, quoi qu'on en ait dit[2], avec la souverai-

1. Const., 1791, tit 1, § 3.
2. H. Michel, *L'idée de l'État*, 1898, p. 90. V. la critique
de cette proposition dans mon *Manuel*, 1907, p. 649.

neté de l'État et la doctrine individualiste, on ne peut fonder l'obligation pour les gouvernants d'assurer gratuitement à tous un minimum d'enseignement, de procurer du travail à quiconque en demande et de fournir les moyens de subsistance à tous ceux qui sont dans l'impossibilité de se les procurer par leur travail. Notre législation positive, dominée jusqu'à ces dernières années par la fausse doctrine individualiste, n'a établi la gratuité de l'enseignement primaire qu'en 1881 (loi du 16 juin 1881) ; elle n'a point encore reconnu ce qu'on appelle improprement le droit au travail ; et elle n'impose l'obligation d'assistance que depuis 1893 pour les malades (loi du 15 juillet 1893) et depuis 1905 (loi du 14 juillet 1905, modifiée par l'article 35 de la loi fin. du 31 décembre 1907) pour les vieillards, les infirmes et les incurables. On peut dire ainsi que la reconnaissance des obligations positives des gouvernants a marché de pair avec la décroissance constante de la doctrine individualiste et de la conception régalienne de l'État qui en était connexe[1].

Que dans un régime politique fondé sur la

1. Cf. le beau livre de M. A. Schatz, *L'individualisme économique et social*, 1907.

conception du droit objectif, le devoir d'assistance, d'enseignement, d'assurance contre le chômage s'impose aux gouvernants, on le comprend aisément. Ceux-ci sont des individus comme les autres et non point les organes d'une prétendue personne collective. Comme les autres, ils sont soumis à la règle de droit, qui leur impose les obligations correspondantes à la situation qu'ils occupent dans la société et qui par conséquent les oblige à mettre la plus grande force qu'ils détiennent au service de l'interdépendance sociale. Ils ne sont pas seulement tenus de s'abstenir ; ils sont tenus d'agir, et cette obligation se traduit dans le devoir juridique d'enseignement, de garantie de travail.

Mais le devoir d'assistance soulève le problème le plus troublant parmi tous ceux qui se posent à la conscience moderne. Le christianisme l'avait résolu par le devoir moral de charité dans le sens que l'on sait. La politique positive doit-elle le résoudre dans le même sens ? Quelle solution découle logiquement du fait d'interdépendance qu'on a dégagé ? Que les gouvernants soient obligés d'assurer l'assistance médicale à tous ceux dont la guérison est possible, ce n'est pas douteux : l'as-

sistance a pour but alors de conserver une
force sociale ; elle concourt à accroître, à
maintenir l'interdépendance. Mais l'assistance
est-elle due aussi aux vieillards, qui consom-
ment sans produire et doivent disparaître forcément dans quelques années, aux incurables
qui non seulement sont des valeurs impro-
ductives, mais peuvent encore jeter dans la
race même un germe de mort ou de décadence?
N'est-ce pas alors violer la loi même d'interdépendance sociale ?

Spencer laissait entendre que l'assistance
ainsi comprise était œuvre anti-sociale[1]. Niet-

---

1. Herbert Spencer n'entendait point interdire la bienfai-
sance individuelle. « Je n'ai pas l'intention, écrivait-il, de sup-
primer ou de condamner les secours accordés aux hommes mal
doués par les hommes bien doués en leur qualité d'individus »
(*L'individu contre l'État*, édit. franç., 1885, p. 98). Mais partant
du principe darwinien de la lutte pour la vie et de la sélection, il
estime que « la société prise dans sa totalité ne peut, sans s'exposer à un désastre immédiat ou futur », intervenir pour favo-
riser le développement des individus mal doués. « En concurrence avec les membres de sa propre espèce, en lutte avec les
membres d'autres espèces, l'individu dépérit et meurt, ou bien
prospère et se multiplie selon qu'il est bien ou mal doué. Évidemment un régime contraire, s'il pouvait être maintenu, serait
avec le temps fatal à l'espèce... Y a-t-il un homme qui pense que
cette vérité n'est pas applicable à l'espèce humaine ?... Voudra
t-il prétendre qu'il n'en résultera aucun mal si les individus peu
doués sont mis dans la possibilité de prospérer et de se multiplier
autant ou plus que les individus bien doués ? Une société

zsche[1] la bannit de la société fondée sur la
volonté de puissance. Et cependant nul d'entre
nous n'entend désapprouver une loi comme
celle du 14 juillet 1905, formulant pour la première fois le droit à l'assistance et imposant
de lourdes charges aux contribuables pour
assurer des secours ou l'hospitalisation aux
vieillards, aux infirmes et aux incurables. Mais
on doit l'avouer franchement, la loi d'interdépendance à elle seule est ici impuissante. Il
faut quelque chose de plus ; il faut le sentiment
de la pitié pour la souffrance humaine. Sentiment acquis, ou sentiment inné, peu importe,
il est un des plus beaux apanages de l'homme
civilisé au XXᵉ siècle; il doit trouver place

humaine, étant ou bien en lutte, ou bien en concurrence avec
d'autres sociétés, peut être considérée comme une espèce, ou
plutôt comme une variété d'espèce, et on peut affirmer que
pareillement aux autres sociétés ou variétés, elle sera incapable
de rester debout dans la lutte avec d'autres sociétés, si elle
avantage ses unités inférieures aux dépens de ses unités supérieures »(Herbert Spencer, *loc. cit.*, p. 97 et 98, Paris, F. Alcan).

1. Lire particulièrement: *La volonté de puissance*, édit. franç.,
trad. H. Albert, 1903, surtout au t. II, le livre IV intitulé *Discipline et sélection*, qui commence par ces mots : « Ma philosophie apporte la grande pensée victorieuse qui finit par faire
sombrer toute autre méthode. C'est la grande pensée *sélectrice* ;
les races qui ne la supportent pas sont condamnées; celles qui
la considèrent comme le plus grand des bienfaits sont choisies
pour la domination » (p. 170).

dans notre régime politique positif, qui doit saisir le tout de l'homme. Il faut ajouter d'ailleurs que la vue des secours accordés aux infirmes, aux vieillards, aux incurables est un spectacle de justice qui est un encouragement pour les travailleurs sociaux et contribue ainsi à accroître leur force productive.

V

L'activité publique se manifeste non seulement par la loi, mais aussi par des actes individuels, qui sont ou des actes juridictionnels ou des actes administratifs et dont la distinction est un des points les plus délicats du droit public[1]. D'après la théorie traditionnelle, l'acte administratif ou juridictionnel, qui en fait est l'œuvre d'un homme, administrateur ou juge, serait en droit l'œuvre de l'État lui-même. Je n'ai jamais compris ces distinctions entre la vérité de fait et la vérité de droit. Toute construction juridique qui repose sur une pareille distinction est sans valeur. Prenons donc le fait tel qu'il est. L'acte administratif ou juridictionnel émane d'une volonté individuelle, et la volonté d'un chef d'État, d'un ministre, d'un préfet ou d'un juge, qui prend une décision, n'a en elle rien qui la distingue de ma propre volonté. Je ne peux donc

1. Cons. pour cette distinction mon *Manuel*, 1907, p. 181 et suiv., 237 et suiv.

accepter qu'on parle d'actes d'autorité, de
puissance publique, de délégation de la puissance publique, de fonctionnaires ayant une
parcelle de la puissance publique. Autant de
mots vides de sens, et de plus dangereux, car
de l'acte de puissance publique à l'acte de
gouvernement échappant à tout recours, il n'y
a pas loin, et du régime de puissance publique
au régime dictatorial et tyrannique, il n'y a
qu'un pas.

Mais si nous nions la puissance publique,
comment expliquer que l'acte individuel d'un
agent s'impose légitimement à nous? Par la
théorie de l'acte juridique[1]. L'acte de l'agent
produit un effet de droit, comme tout acte de
volonté individuelle, unilatéral ou contractuel, qui réunit les conditions de l'acte juridique. Sans insister sur cette délicate théorie,
je veux montrer d'un mot comment elle se
rattache directement à notre conception du
droit objectif.

Je définis l'acte juridique une déclaration de
volonté émanant d'une personne capable,
ayant pour objet une chose qu'elle peut vou-

1. Pour cette théorie, cons. mon volume *L'État, le droit objectif*, 1901, le chap. III, p. 138 et suiv., et *Manuel*, p. 210 et
suiv.

loir, déterminée par un but légal et faite dans l'intention de créer une situation juridique. L'effet de droit n'est point en réalité produit par l'acte de volonté. La manifestation volontaire d'un individu quel qu'il soit, simple particulier, ou empereur, roi, président de la République, ministre, préfet, maire, est impuissante par elle-même à créer un effet de droit. L'effet de droit est un fait social puisqu'il n'est autre chose que la contrainte socialement imposée à une ou plusieurs volontés de faire ou de ne pas faire quelque chose. Or une volonté individuelle ne peut pas par sa seule force produire un effet social. Mais si l'acte de volonté individuelle est déterminé par un but social, s'il est conforme à la règle de droit, s'il tend à créer une situation de droit, l'effet se produit comme conséquence directe de l'application de la règle de droit : c'est l'obligation pour la volonté, visée par l'acte, d'accomplir une certaine prestation ou de s'abstenir d'un certain agissement et cela sous la sanction d'une contrainte sociale et dans les pays civilisés d'une contrainte socialement organisée.

Ainsi les actes faits par les agents publics ne sont que des actes de volonté individuelle.

La volonté d'un administrateur, d'un juge, n'est pas une volonté d'une essence supérieure à celle des particuliers. Qu'on ne dise pas qu'ils sont les mandataires ou les organes d'une personne souveraine, l'État ; ce ne serait qu'une fiction et l'on sait ce qu'il en faut penser. Si l'acte d'un agent public produit un effet, c'est seulement parce que et seulement lorsque il est un acte juridique, comme tout acte émané d'une volonté individuelle, et sous les conditions qui s'imposent à toute volonté individuelle.

Vous apercevez les conséquences pratiques d'une importance considérable qui découlent de cette proposition. Pendant longtemps on a considéré l'acte administratif comme un acte d'une nature toute spéciale, on l'entourait d'une sorte de respect superstitieux. L'administration apparaissait comme une puissance supérieure qui pouvait imposer sa volonté, comme autrefois les princes absolus, parce que telle était son bon plaisir. Elle ne reconnaissait qu'à elle-même le pouvoir d'apprécier la légalité des actes qu'elle avait faits. Elle planait comme une divinité mystérieuse et redoutable au-dessus des mortels effrayés. Je crois bien que beaucoup d'administrateurs ont

encore la croyance intime qu'ils sont d'une
essence supérieure. Mais le public devient
sceptique. Du jour où l'on a compris et affirmé
que l'acte administratif est un acte comme un
autre, un acte qui ne tire aucune force particulière de la volonté de son auteur, un acte
qui ne produit d'effet que s'il est conforme à
la règle de droit et dans la mesure où il lui est
conforme, la force arbitraire de l'administration a été brisée, et la frayeur superstitieuse
qu'elle inspirait à beaucoup a été dissipée. Le
droit administratif était dès lors véritablement
fondé et le particulier protégé contre l'arbitraire [1]. Chaque jour l'admirable jurisprudence du conseil d'État applique, con-
sciemment ou inconsciemment, peu importe,
les conséquences de cette notion nouvelle que
je résume d'un mot : l'acte administratif est un
acte émané d'une volonté particulière, et il ne
peut produire d'effet que dans la mesure où il
est conforme à la règle de droit.

1. Je tiens à dire que c'est à M. Hauriou, le savant doyen de
Toulouse, que reviennent surtout le mérite et l'honneur d'avoir
affirmé le premier que l'acte administratif était un acte juridique
et comme tel saisi par le droit. Cf. les six éditions du *Précis de
droit administratif.*

VI

Cependant cette proposition rencontre certaines objections. On dit d'abord : la proposition qui précède est vraie pour beaucoup d'actes administratifs, pour ceux que dans une terminologie aujourd'hui admise on appelle les actes de *gestion*. Mais il y a beaucoup d'actes émanés des agents publics qui ont certainement un caractère particulier. Ce sont ceux qu'on appelle les actes d'*autorité* ou de *puissance publique*. De ceux-là l'on ne conçoit pas qu'ils puissent être faits par de simples particuliers. Il faut donc que les agents qui les font aient une qualité propre, qui leur permet de conférer à ces actes ce caractère spécial, et cette qualité propre ne peut être qu'une délégation de la puissance publique.

L'objection a été surtout formulée par mon savant collègue et ami M. Berthélemy[1]. Je comprends que l'on attribue à l'acte dit d'*autorité* ou de *puissance publique* un caractère pro-

1. *Droit administratif*, 5e édit., 1908, p. 42.

pre se rattachant à la qualité de l'agent, quand
on admet la doctrine qui reconnaît la personnalité de l'État. Mais je ne le comprends plus
quand, comme M. Berthélemy, on nie énergiquement la personnalité de l'État puissance
publique et quand on affirme que les
agents d'autorité n'agissent jamais comme
mandataires ou organes d'une personne collective publique, mais expriment vraiment
leur volonté individuelle [1]. Comment, si
M. Berthélemy admet que l'acte émane réellement de la volonté individuelle de l'agent,
peut-il admettre en même temps que certains
agents donnent à leurs actes un caractère particulier ? Parce que, dira-t-il, la loi leur attribue cette compétence. Oui ; mais la loi ne
peut transformer le caractère d'une volonté,
faire qu'une volonté individuelle ne soit plus
une volonté individuelle et devienne supérieure à une autre volonté.

Je comprends très bien que l'on dise : l'acte
administratif a un caractère particulier parce
que, par l'organe de l'agent, il émane d'une
personne collective, dont la volonté est par
nature supérieure aux volontés individuelles.

1. *Droit administratif*, p. 42, et aussi *Préface* de l'édition
française du *Droit administratif* de Otto Mayer, 1903.

C'est faux; c'est une fiction pure; mais c'est logique. Je ne comprends pas que l'on dise comme M. Berthélemy : l'État puissance publique n'a pas de personnalité; les actes administratifs émanent tous de la volonté individuelle des agents, même ceux qualifiés actes d'autorité; et cependant ceux-ci ont une force propre, une valeur que ne peuvent pas avoir les actes émanés d'une volonté particulière. C'est évidemment contradictoire.

De plus, en disant qu'il y a des actes d'autorité que l'on reconnaît à ce que l'on ne conçoit pas qu'ils puissent être faits par de simples particuliers, on tombe dans un véritable cercle vicieux. En effet, s'il y a certains actes qui nous paraissent ne pouvoir être faits que par des agents de l'État, c'est qu'ils se rattachent à une activité qui, en fait, à un moment et dans un pays donnés, est monopolisée par l'État. C'est seulement ce monopole qui nous fait attribuer un caractère particulier à ces actes. Mais en réalité ces actes n'ont rien de spécial; ils pourraient très bien ne pas être accomplis par des agents de l'État et à certaines époques ils ne l'étaient point. On donne comme exemple les opérations de police, desquelles on dit qu'elles se rattachent certainement à l'exercice de la puissance publique, parce que l'on ne conçoit point que de pareilles opérations soient accomplies par des particuliers. Cela n'est pas exact. Rien ne s'opposerait à ce que les opérations de police fussent exécutées par des associations privées et il en a été parfois ainsi. Tous ceux qui ont lu *Don Quichotte* se rappellent les démêlés du Chevalier de la Manche avec la Sainte-Hermandad, laquelle n'était qu'une association privée faisant la police des campagnes espagnoles. Aujourd'hui l'État a monopolisé la police depuis longtemps, et c'est parce que ce monopole est ancien qu'il nous semble que seul l'État peut faire la police.

Autre exemple : la juridiction, dira M. Berthélemy, est bien l'exercice de la puissance publique, parce que l'on ne conçoit pas que les particuliers fassent des actes de cette espèce. Ce n'est point encore exact. Rien ne s'opposerait à ce que le service de justice fût assuré par des arbitres privés. La justice privée a été un moment le rêve de la Convention, malgré ses principes autoritaires. De bons auteurs estiment que presque partout le régime de justice privée a précédé le régime de justice publique.

D'une seule catégorie d'actes on peut dire
qu'ils ne peuvent être faits que par les gouvernants ou au nom des gouvernants : ce sont
ceux qui impliquent l'emploi d'une force matérielle supérieure à toute force matérielle se
trouvant dans un pays donné. Ce sont de simples actes d'exécution, desquels il n'y a point
à rechercher le caractère juridique. On ne de-
mandera pas, je suppose, quel est le caractère
juridique de l'acte du bourreau qui tranche
une tête. La distinction des gouvernants et des
gouvernés dans un pays est un fait de plus
grande force. Les gouvernants sont ceux qui
monopolisent la force. Seuls ils peuvent faire
les actes qui impliquent l'emploi d'une force
de contrainte supérieure à toute résistance.
Mais cela ne donne point à l'acte qui est fait
un caractère juridique spécial. L'acte est purement matériel ; c'est une force qui brise une
autre force ; ce n'est point une volonté qui prétend s'imposer à une autre volonté en vertu
d'un pouvoir juridique propre.

En réalité cette distinction des actes de gestion et des actes d'autorité se réduit à la distinction toute simple des actes unilatéraux et des
actes contractuels. La déclaration de volonté
produit un effet de droit, quand elle réunit les

conditions précédemment indiquées, qu'elle soit unilatérale ou contractuelle. Même la déclaration de volonté unilatérale d'un particulier peut créer un effet de droit. Disparaît peu à peu cette vieille croyance des juristes orthodoxes que seul le contrat peut donner naissance à une situation de droit. On a cru longtemps que le pouvoir de créer un effet de droit par un acte unilatéral était un privilège de l'autorité publique ; voilà pourquoi l'on a donné le nom d'acte d'autorité aux actes unilatéraux faits par des agents publics. Mais les particuliers peuvent aussi par un acte unilatéral créer une situation de droit. Il n'y a donc point de différence à faire ; que l'acte de l'agent public soit unilatéral ou contractuel, il a, comme celui d'un particulier, le même caractère ; il produit les mêmes effets de droit et aux mêmes conditions[1].

1. La diminution du rôle du contrat dans les rapports sociaux me paraît un fait incontestable ; elle est la conséquence d'une conscience chaque jour plus nette de l'interdépendance sociale. Dans un système social fondé sur le droit subjectif attaché à la personne humaine elle-même, l'étendue de la sphère juridique de chaque individu ne peut être modifiée en plus ou en moins qu'avec son propre consentement, et partant une situation juridique ne peut naître qu'avec le consentement concordant du sujet actif et du sujet passif dans cette situation. Seule une volonté supérieure, la volonté de l'État, peut modifier par

Reste à savoir quand l'agent agira par acte
unilatéral, quand par contrat. A cette question

un acte unilatéral la sphère juridique d'une personne. Mais à
mesure que la notion de droit subjectif disparaît pour faire
place à la notion de droit objectif fondé sur l'interdépendance
sociale, les choses changent. Il n'est plus question de sphère
juridique d'une personne humaine ; l'acte de volonté individuelle produit un effet de droit quand il est un acte social, c'est-
à-dire quand il a pour but et pour effet de coopérer à l'interdépendance sociale, et ce caractère est tout à fait indépendant de
son caractère unilatéral ou contractuel. De tout temps l'on a admis
que dans certains cas la volonté unilatérale pouvait faire naître
des obligations entre particuliers ; on expliquait cela par une
fiction ; on disait que l'obligation naissait comme d'un contrat.
Ce vieux procédé de la fiction n'est plus de mise aujourd'hui :
l'obligation naît parce que la déclaration de volonté, quoique
unilatérale, réunit les conditions de l'acte juridique ; elle naît
toutes les fois qu'il en est ainsi. C'est pour cela et seulement
pour cela que l'obligation naît d'actes unilatéraux faits par les
agents publics, et qu'elle naît de plus en plus fréquemment
d'actes unilatéraux émanés de simples particuliers. Il importe
aussi de noter que par une inexactitude de langage regrettable,
on parle souvent de contrat dans des cas où il n'y a pas de contrat en réalité. Il en est ainsi par exemple dans les actes qualifiés inexactement de contrats d'association, de contrats d'adhésion, de contrats collectifs. Cf. mon *Manuel*, p. 236, et aussi
l'État, le droit objectif, p. 53. — V. aussi Hauriou, *Droit administratif*, 6e édit., 1907, p. 23, tout le § intitulé : *L'institution, le contrat et le commerce juridique.* Il oppose très justement
au contrat proprement dit « *l'adhésion à un fait* se retrouvant
dans tous les phénomènes de consentement propres à l'institution » (p. 23 et 552). J'ai lu et relu la théorie de *l'institution* développée par mon savant ami dans la dernière édition de son *Précis*. Finalement je crois qu'elle se rapproche beaucoup de la
distinction que j'ai exposée dès 1901 (*L'État, le droit objectif*,
p. 140 et 196) entre les *situations de droit objectif* et les *situa-*

il est impossible de faire une réponse générale. Il n'est pas de fonction de l'État qui ne
puisse être remplie soit par contrat soit par
acte unilatéral. Tout dépend des faits, de
l'état social, de la conscience que l'on se forme
à l'époque considérée du rôle des gouvernants et de leur mode d'action. Tout ce que
l'on peut dire, c'est qu'aujourd'hui la tendance
générale et certaine est la diminution constante du domaine contractuel. Beaucoup d'actes où naguère encore on voyait des contrats
nous apparaissent aujourd'hui comme des
actes unilatéraux. Je me borne à citer à titre
d'exemple les nominations des fonctionnaires[1],
les concessions de services publics[2], où l'on
s'accorde de plus en plus à voir des actes unilatéraux, et non des contrats.

Quelques auteurs ont dit que le criterium
auquel on peut distinguer l'acte unilatéral du
contrat est que celui-ci seul lie l'administra-

---

tions *juridiques subjectives.* Si *l'institution* prend dans les sociétés
modernes l'importance que met très justement en relief M. Hauriou, c'est précisément une conséquence de la substitution pro-
gressive du droit objectif au droit subjectif.

1. Cf. mon *Manuel,* p. 428 et suiv.
2. Cf. Jèze, *Revue du droit public,* 1907, p. 679, à propos de
l'arrêt *Deplanque,* 31 mai 1907 ; mon article, même revue, 1907,
p. 411 ; et Hauriou, *Droit administratif,* 6ᵉ édit., 1907, p. 694.

tion, quand au contraire l'acte unilatéral ne
l'oblige point et peut toujours être rapporté[1].
Il y a là une erreur contre laquelle je tiens à
protester. Assurément certains actes unilatéraux peuvent être rapportés comme certains
actes contractuels peuvent être résiliés par la
volonté d'une seule des parties. Mais cela ne
prouve point que l'acte unilatéral ne puisse
créer une obligation à la charge de l'administration. C'est une conséquence même de la
transformation politique que nous étudions
que l'acte unilatéral fasse naître une situation
de droit obligatoire, comme l'acte contractuel
lui-même. Par exemple de ce que la nomina-
tion des fonctionnaires, la concession des services publics sont des actes unilatéraux, il ne
suit point que l'administration ne soit pas
obligée à l'égard du fonctionnaire nommé, à
l'égard du concessionnaire. Ces obligations la
jurisprudence du conseil d'État les reconnaît
chaque jour. Dire que le contrat seul oblige
l'administration, c'est maintenir la conception
régalienne, c'est dire que l'État est au-dessus du droit, c'est méconnaître cette conquête
de la conscience moderne, qui ne voit dans

1. V. notamment Hauriou, *Droit administratif*, 5e édit.,1903,
p. 557, note 1.

l'acte administratif qu'un acte soumis aux conditions de tout acte juridique [1].

Mais cela nous conduit à une objection qui,
au premier abord, peut paraître grave. Comment, nous disent les juristes orthodoxes, si
vous niez la personnalité de l'État, pouvez-
vous dire que l'État soit obligé? Il ne peut
pas y avoir d'obligation s'il n'y a pas une personne sujet de cette obligation. L'objection a
d'ailleurs une portée générale et touche au
vaste problème du sujet de droit que je ne
veux point examiner ici [2]. En restant dans le
domaine particulier de l'acte administratif, il
est aisé de repousser l'objection. Il suffit de
montrer comment se traduisent en fait les
obligations nées, pour l'administration, d'un
acte administratif. Quand on dit que l'administration, que l'État sont obligés, cela ne veut
pas dire qu'une obligation est née pour cette
prétendue personne, création de l'imagination
scolastique des juristes, la personne collective État; cela veut dire seulement que les
agents publics, qui eux sont des êtres concrets
et réels, sont tenus de s'abstenir d'un certain

1. Cf. mon *Manuel*, p. 236.
2. V. le livre, déjà cité, de M. Michoud, *Théorie de la personnalité morale*, 1906.

agissement ou tenus d'accomplir une certaine prestation. Quand on dit par exemple que l'État ne peut pas révoquer tel fonctionnaire, retirer telle concession, dans la réalité des choses, en éliminant toutes les fictions, cela ne veut pas dire autre chose que ceci : aucun agent de l'État n'est compétent pour révoquer tel fonctionnaire, pour retirer telle concession, et tout acte de révocation serait nul et pourrait entraîner une responsabilité. La dette d'argent elle-même n'implique point une personnalité patrimoniale de l'État. Quand on dit que l'État est débiteur d'une certaine somme, cela veut dire tout simplement que les agents compétents sont obligés de délivrer un mandat de paiement à telle personne sur la caisse publique et que le comptable des deniers de l'État est obligé de payer au porteur du mandat la somme indiquée. Voilà les faits ; ils sont très simples, et je ne sais pourquoi on veut coûte que coûte les faire rentrer dans les cadres étroits et vermoulus de la vieille technique juridique.

VII

Ces obligations apparaissent d'une manière particulièrement saillante dans ce que l'on appelle la responsabilité de l'État, pour laquelle s'élabore sous nos yeux un droit nouveau, création de notre conseil d'État, qui laisse bien loin derrière elle l'œuvre si vantée du préteur romain. Nous devons nous y arrêter quelques instants ; cette jurisprudence est en effet une manifestation notable de la transformation qui s'accomplit dans la notion de l'État.

Pénétrés de la vieille conception régalienne, nos juristes, il n'y a pas longtemps encore, affirmaient comme un dogme intangible l'irresponsabilité de l'État puissance publique. Dans leur pensée l'État est une personne d'essence supra-terrestre ; il peut se tromper ; il peut commettre des fautes, mais il est irresponsable. La puissance publique ne peut être soumise à la grande loi de la responsabilité ; elle est au-dessus de cette loi qui n'est point faite pour elle.

M. Berthélemy, que je m'excuse de prendre si souvent à partie, parle, encore dans la dernière édition de son *Traité de droit administratif* (1908), de l'irresponsabilité des administrations publiques à raison des actes d'autorité. Il écrit : « Les administrations n'ont à répondre des actes d'autorité des fonctionnaires que dans les hypothèses d'ailleurs nombreuses où la loi a prévu et organisé cette responsabilité[1]. »

À peine les juristes faisaient-ils une exception pour le cas où, même en dehors d'une expropriation proprement dite, il y avait un déplacement de richesse d'un patrimoine privé dans le patrimoine public. Alors on fondait la responsabilité de l'État, non pas sur l'idée d'une responsabilité générale de l'État agissant dans l'exercice de la puissance publique, mais sur l'inviolabilité du droit de propriété consacrée par l'article 17 de la Déclaration des droits[2].

Aujourd'hui au contraire une jurisprudence s'affirme de plus en plus qui admet le prin-

1. P. 77.
2. C'est à cette idée que se rattachent de nombreux arrêts du conseil d'État qui depuis longtemps accordent des indemnités, pour dommages causés aux propriétés par l'exécution de travaux publics. Cf. Hauriou, *loc. cit.*, p. 668.

cipe général de la responsabilité de l'État. On reconnaît cette responsabilité dans des hypothèses chaque jour plus nombreuses, où les partisans de la notion classique de puissance publique ne peuvent méconnaître que l'État intervient comme puissance. A la vérité on maintient l'expression consacrée de puissance publique, mais on donne des solutions qui en sont en réalité la négation. Le temps est déjà loin, quoi qu'en dise M. Berthélemy, où l'on ne reconnaissait la responsabilité de l'État puissance que dans les cas où la loi la consacrait expressément, aux cas par exemple d'expropriation, de réquisitions militaires, d'erreurs judiciaires d'après la loi 1895 sur la revision des procès criminels, ou au cas où il y avait un déplacement de valeur d'un patrimoine privé dans le patrimoine public. Le conseil d'État n'hésite plus à déclarer l'État responsable dans presque tous les domaines de son activité. Il est responsable par exemple lorsqu'il s'abstient de prendre les mesures de police nécessaires pour assurer la sécurité de la navigation[1], la pro-

---

1. Deux arrêts du conseil d'État (22 mars 1907, *Recueil*, p. 292, *Fournier et Desplanches*) décident que l'État doit être déclaré responsable de la perte d'une gabarre et de la mort des

tection des personnes et des choses lorsque
sont accomplies des opérations matérielles de
police irrégulières ou insuffisantes [1], lorsqu'il
est procédé *témérairement* à une exécution
préalable [2]. En outre vous connaissez certai-

marins qui la montaient, résultant de l'abordage dans le che-
nal de la Gironde d'une épave de navire abandonnée en vertu
de l'art. 216 du code de commerce et que l'administration avait
négligé d'éclairer.

1. Pour établir que la jurisprudence du conseil d'État est conforme à la proposition d'après laquelle l'État n'est pas responsable à l'occasion des actes d'autorité, M. Berthélemy cite l'arrêt
Lepreux, 13 janvier 1900, où on lit : « Considérant qu'il est de
principe que l'État n'est pas en tant que puissance publique et
notamment en ce qui touche les mesures de police responsable
de la négligence de ses agents... » Depuis 1899 le conseil d'État
a complètement abandonné cette jurisprudence. La remarquable
note publiée par M. Hauriou sous cet arrêt (S., 1900, III, p. 1)
n'a point été étrangère à ce changement. Dans une espèce iden-
tique à celle de l'arrêt *Lepreux*, le conseil d'État (arrêt *Thomaso
Grecco*, 10 février 1905, *Recueil*, p. 139) a reconnu le principe
de la responsabilité de l'État au cas où les agents chargés de la
police n'ont pas pris les mesures suffisantes pour assurer la sécurité des personnes. Cf. les remarquables conclusions de M. Romieu, *Recueil*, 1905, p. 139 et la note de M. Hauriou sous l'arrêt
S., 1905, III, p. 113. Rapp. les deux arrêts du 22 mars 1907 (voir
la note précédente) reconnaissant la responsabilité de l'État à
l'occasion de la police de la navigation. Ainsi on peut considé-
rer comme établie la jurisprudence d'après laquelle l'État est responsable du préjudice causé à des particuliers par la négligence
ou l'imprudence de ses agents en matière de police. On ne saurait
opposer l'arrêt *Ginière* du 5 février 1904 (*Recueil*, p. 88), qui
est antérieur aux décisions qui précèdent et qui est motivé en fait.

2. Arrêt *Zimmermann*, 27 février 1903, *Recueil*, p. 178. « Considérant, est-il dit dans l'arrêt, que si le préfet a exercé un

nement les remarquables conclusions de M. le commissaire du Gouvernement Teissier, à la suite desquelles dans l'affaire Leberre le conseil d'État a reconnu la responsabilité de l'État au cas de révocation illégale et même simplement injustifiée d'un fonctionnaire [1].

droit qui lui était conféré par l'art. 69 de la loi du 22 juillet 1889, il n'a pu l'exercer qu'*aux risques et périls de l'administration.* » V. l'intéressante note de M. Hauriou sous l'arrêt, S., 1905, III, p. 17, et au *Recueil*, les conclusions de M. le commissaire du gouvernement Romieu.

1. Sur les très remarquables conclusions de M. Teissier, le conseil d'État par l'arrêt *Leberre* (29 mai 1903, *Recueil*, p. 414) reconnaît qu'un sous-officier qui a été l'objet de deux cassations successives de son grade irrégulièrement prononcées comme contraires aux lois des 23 juillet 1881 et 18 mars 1882, est recevable à demander à l'État une indemnité pécuniaire à raison du préjudice moral ou matériel que cette mesure lui a causé Aujourd'hui, le conseil d'État décide que les fonctionnaires *municipaux*, révoqués même régulièrement, sont fondés, lorsqu'aucune faute ne peut leur être reprochée, à demander une indemnité de licenciement. Cette jurisprudence ébauchée par l'arrêt *Villenave contre ville d'Alger*, 11 décembre 1903 (*Recueil*, p. 767 et S., 1904, III, p. 121, note de M. Hauriou) a été très nettement affirmée par l'arrêt *Lacourte contre la ville du Cateau*, 15 février 1907 (*Recueil*, p. 156). La révocation est régulière, mais le conseil d'État accorde l'indemnité « considérant que la révocation, dans les circonstances où elle est intervenue, a causé au sieur Lacourte un préjudice dont il est fondé à demander la réparation ». Nul doute que le conseil d'État n'étende cette jurisprudence aux fonctionnaires de l'État qui seraient révoqués sans cause. Cf. la note de M. Jèze, *Revue du droit public*, 1907, p. 236. Sur la responsabilité de l'État à l'occasion de l'exercice de la puissance publique, cons. Teissier, *Répert. droit admin.*,

Ce n'est pas tout. L'irresponsabilité de l'État paraissait incontestable lorsqu'il agissait par voie d'acte réglementaire parce que, disaient les uns, la souveraineté se manifeste alors à un degré éminent[1] (ce qui d'ailleurs était contradictoire, car si la souveraineté existe elle est un droit absolu, elle n'est susceptible ni de plus ni de moins). L'État, disaient les autres (et je l'ai moi-même écrit[2]), est irresponsable parce que, le règlement étant une disposition par voie générale, il n'entre pas alors en relation, en commerce juridique, suivant l'expression de M. Hauriou, avec une personne déterminée et par conséquent ne peut être déclaré responsable à l'égard de qui que ce soit. Eh bien! cette irresponsabilité de l'État agissant par voie réglementaire est elle-même sur le point de disparaître. Dans un arrêt récent (6 décembre 1907) d'une importance capitale, rendu sur les conclusions de M. le commissaire du Gouvernement Tardieu et le rapport de M. le conseiller Romieu, le conseil d'État, par un

v° *Responsabilité*, publié en volume séparé; Tirard, *La responsabilité de la puissance publique*, 1906.

1. Teissier, *conclusions* pour l'arrêt Leberre, 29 mai 1903. *Recueil*, p. 4.5.

2. *Manuel*, p. 667.

considérant curieux, reconnaît en principe que
la responsabilité de l'État peut être engagée,
même à l'occasion d'un règlement, quand l'application de cet acte accroît directement les charges qui pèsent sur un patrimoine déterminé [1].

Il s'agissait du règlement d'administration
publique du 1er mars 1901, qui a notablement
augmenté les charges des compagnies de che-
min de fer, telles qu'elles résultaient de l'or-
donnance du 15 novembre 1846 et de leurs
cahiers des charges. Les grandes compagnies
attaquaient ce règlement par le recours pour
excès de pouvoir, recours déclaré recevable,
mais mal fondé [2]. Seulement dans l'un des con-
sidérants, le conseil d'État déclare que, si les
compagnies établissent que le nouveau règlement, fait par l'État dans la plénitude de ses
droits, ou plus exactement le règlement fait
régulièrement par des agents compétents, a
pour effet d'augmenter les obligations résultant pour elles de leurs cahiers des charges,
elles sont fondées à obtenir devant le juge du
contrat (c'est-à-dire le conseil de préfecture)

---

1. V. le texte de l'arrêt et les conclusions de M. Tardieu,
S., 1908, III, p. 1; la *note* de M. Jèze, *Revue du droit public*,
1908, n° 1, p. 38 et suiv.

2. Cf. *Manuel*, p. 1023 et suiv.

une indemnité. On est là bien loin de l'ancienne notion de puissance publique irresponsable, puisque l'on reconnaît cette responsabilité à l'occasion d'un règlement d'administration publique déclaré légal, considéré comme fait sur délégation du Parlement et paraissant ainsi une manifestation par excellence de la souveraineté. N'est-ce pas la négation même de l'*imperium* ?

On dira peut-être que le conseil d'État reconnaît la responsabilité de l'État parce que dans l'espèce il y a violation même du contrat qui lie l'État. — Que la haute juridiction ait eu cette idée-là, ce n'est point douteux. Mais s'il y avait réellement violation d'un contrat, l'acte réglementaire serait nul, le conseil aurait dû prononcer cette nullité et non point reconnaître la validité du règlement et le principe de l'indemnité. La vérité c'est que la situation des compagnies concessionnaires est une situation réglementaire, que le gouvernement peut à tout moment modifier par un règlement. Mais si le nouveau texte accroît dans l'intérêt collectif les charges du concessionnaire, la caisse collective doit indemniser le patrimoine de celui-ci.

————

VIII

Ira-t-on plus loin encore ? Arrivera-t-on à reconnaître la responsabilité de l'État en matière législative proprement dite ? La question en ce moment même soulève un conflit entre la Chambre et le Sénat à propos du projet de loi tendant à interdire l'emploi du blanc de céruse pour les travaux intérieurs. Le Sénat saisi du projet de loi voté par la Chambre y a inscrit le principe de l'indemnité au profit des fabricants de céruse. La Chambre saisie à nouveau a repoussé l'indemnité et la question est en ce moment pendante devant la Chambre haute[1]. Il faut d'ailleurs poser la

---

1. M. Viviani, ministre du travail, a demandé à la commission sénatoriale de proposer au Sénat de se déjuger et de repousser comme la Chambre le principe de l'indemnité. Il a insisté sur cette idée que le projet de loi n'impliquait pas une expropriation, puisqu'il prohibait l'emploi de la céruse seulement pour les travaux intérieurs. Il invoque le précédent de la loi sur la saccharine (L. 30 mars 1902, art. 49) (*Le Matin*, 11 février 1907). Le 7 avril, M. Pédebidou, rapporteur, a déposé sur le bureau du Sénat un rapport concluant au maintien du projet tel qu'il avait été voté une première fois par la haute Assemblée, c'est-à-dire au paiement d'une indemnité aux cérusiers (*Le Matin*, 8 avril 1908.)

question d'une manière générale et se demander si le législateur qui fait une loi, dont l'application entraînera pour certains individus un préjudice particulier, est tenu, en vertu de la règle de droit, d'inscrire dans la loi le principe d'une indemnité due à ceux-ci.

Je réponds sans hésiter : non ; et cette réponse est la conséquence logique du caractère que nous avons reconnu à la loi. Celle-ci, ai-je dit, est la constatation du droit objectif, la formule ou la mise en œuvre de la règle de droit. Si le législateur faisant une loi nouvelle accordait une indemnité à ceux qui subissent un préjudice de ce fait, il reconnaîtrait que la loi qu'il édicte ne formule pas le droit, est elle-même, au moins pour certains, contraire au droit. Ce qui est contradictoire avec la notion même de la loi [1].

Il est des cas où cette solution est évidente. Si l'on suppose par exemple que dans un pays comme l'Angleterre, qui ne punit pas le recel, soit faite une loi nouvelle le punissant, on ne soutiendra pas, je pense, que les individus ou les sociétés, qui ont organisé ostensiblement à Londres des maisons de recel, pour-

1. Cf. Barthélemy, *Revue du droit public*, 1907, p. 92 ; mon *Manuel*, p. 667 et 1113, contre l'indemnité.

raient légitimement prétendre que la loi
nouvelle devait reconnaître leur droit à une
indemnité. De même s'il est scientifiquement
établi que l'emploi du blanc de céruse dans les
travaux intérieurs est mortel pour les ouvriers,
les fabricants de cette substance ne peuvent
prétendre à une indemnité, car le législateur
ne fait qu'édicter une règle conforme au droit
en prohibant l'emploi d'un produit toxique.
De même que si un jour, prochain je l'espère[1],
la loi interdit la fabrication et la vente de
l'absinthe en France, les fabricants de ce poi-
son ne pourront demander aucune indemnité[2] : ce sont des empoisonneurs publics,
dont très légitimement le législateur prohi-
bera la coupable industrie.

1. On a pu lire dans le *Matin* du 25 mars 1908 : « M. Bérenger
a appuyé devant le groupe antialcoolique du Sénat, la proposition
que M. de Lamarzelle a l'intention de déposer pour prohiber
la vente de l'absinthe. Le groupe a approuvé cette mesure. »

2. Cependant en Suisse la commission du Conseil national
pour l'initiative contre l'absinthe a décidé de proposer au Conseil national le rejet de la demande d'initiative ; et elle a été
unanime à penser que dans le cas où l'interdiction de la fabrication serait prononcée, il faudrait accorder aux fabricants des
indemnités équitables (*Le Journal de Genève*, 25 mars 1908,
1re édition). Le conseil fédéral a décidé de fixer au dimanche
5 juillet 1908 le vote populaire sur la demande d'initiative tendant à la prohibition de l'absinthe en Suisse (*Le Temps*,
2 mai 1908).

Aussi j'approuve entièrement M. Viviani, ministre du travail, quand il demandait récemment à la commission du Sénat de proposer à la Haute assemblée d'adopter la solution de la Chambre et de rejeter le principe de l'indemnité.

Une autre question se pose, différente de la précédente. Une loi prise comme telle n'entraîne pour personne aucun préjudice spécial; elle autorise seulement l'autorité administrative à prendre certaines mesures individuelles laissées à sa libre appréciation. Par hypothèse la loi ne contient point le principe d'une indemnité. Dans ces conditions les tribunaux peuvent-ils accorder une indemnité à ceux qui subissent un préjudice dérivant pour eux de l'application individuelle à eux faite de la loi par une décision administrative? Si l'on adopte l'idée qui paraît avoir inspiré le conseil d'État dans l'arrêt précité des grandes Compagnies (6 décembre 1907), je ne vois pas pourquoi les tribunaux refuseraient l'indemnité. On reconnaît la responsabilité de l'État pour le préjudice causé par l'application individuelle d'un règlement. Pourquoi n'en serait-il pas de même pour l'application individuelle de la loi? On ne peut pas dire que la loi est une manifestation plus complète de la souveraineté que le règlement, puisque si l'on admet la souveraineté elle n'est pas susceptible de degrés, et qu'au surplus nous ne l'admettons point[1].

Toutefois la responsabilité de l'État ne serait certainement pas engagée, si la loi autorisait le Gouvernement à prononcer par mesures individuelles la fermeture de certains établissements, en raison de la nocivité des produits qui y sont fabriqués, par exemple les établissements où l'on fabrique de l'absinthe pour reprendre l'exemple de tout à l'heure. On ne devrait pas plus d'indemnité à ces fabricants dont l'usine serait fermée qu'on n'en devrait aux soutcheurs ou aux apaches dont une loi nouvelle autoriserait l'arrestation par voie administrative.

Ainsi à mesure que disparaît la notion romaine, régalienne et jacobine de l'État, le principe de la responsabilité publique s'affirme plus énergiquement et son domaine s'élargit. Mais ne peut-on pas dire : reconnaître la res-

1. C'est ainsi que très justement la loi du 14 mars 1904, relative aux bureaux de placement, décide qu'une juste indemnité sera payée aux tenanciers de bureaux supprimés par voie administrative (art. 1). Le principe de l'indemnité n'aurait-il pas été inscrit dans la loi, j'estime que les tribunaux, régulièrement saisis, auraient dû légalement en attribuer une.

Duguit.

7

ponsabilité de l'État, c'est reconnaître sa personnalité, puisque la responsabilité implique une obligation fondée sur une faute ; or l'État ne peut être obligé que s'il est une personne et ne peut commettre une faute aussi que s'il est une personne.

L'objection, qui au premier abord paraît sérieuse, au fond ne porte pas. Je ne veux point ici étudier en détail le fondement de la responsabilité de l'État, ce qui m'entraînerait beaucoup trop loin. Mais il est facile de montrer en quelques mots que ce que nous appelons la responsabilité publique n'implique nullement la personnalité de l'État.

Cette responsabilité ne se rattache pas toujours au même principe. Dans certains cas elle a pour cause la nécessité de réparer avec les fonds de la caisse collective le préjudice particulier subi par un individu dans l'intérêt collectif. Elle est alors fondée uniquement sur le risque : la caisse publique est une caisse d'assurance mutuelle des individus contre les dommages à eux occasionnés dans l'intérêt public. Il en est ainsi toutes les fois que l'État est responsable sans qu'il y ait aucune violation du droit, aucune irrégularité commise, par exemple au cas d'expropriation, de réquisition, de dommages résultant de travaux publics.

Dans d'autres cas au contraire, le service public a mal fonctionné ; il y a eu violation de la loi de service ; il y a eu faute, et c'est pour cela que l'État est responsable. Mais cette faute c'est le fonctionnaire qui l'a commise, ce n'est point l'État, simple abstraction. Si l'on parle d'une faute de l'État, ce n'est qu'une métaphore[1]. Pour soutenir que l'État lui-même peut commettre une faute il faut revenir aux doctrines métaphysiques de personnalité collective, d'âme nationale dont je crois avoir fait justice. Le fait, c'est une faute commise par des hommes, les agents d'un service public. Alors se pose la question de savoir quel patrimoine supportera définitivement les conséquences de cette faute. Si elle est personnelle au fonctionnaire[2], c'est-à-dire si celui-ci a agi dans un but étranger au fonctionnement du service

1. Si l'on veut se rendre compte des solutions artificielles auxquelles conduit la scolastique juridique chère à quelques juristes, on pourra lire le livre d'ailleurs très remarquable de M. Mestre, *Les personnes morales et le principe de leur responsabilité morale*, 1899.

2. Pour la détermination de la faute personnelle, cf. *Libres entretiens*, mars 1908 ; et mon volume *L'État, les gouvernements*, 1903, p. 773 et *Manuel*, p. 457 et s.

public, c'est sur son propre patrimoine que le préjudice devra être réparé. Si au contraire il y a une faute de service, c'est-à-dire si le fonctionnaire, tout en commettant une faute, a agi dans le but d'assurer le fonctionnement du service, l'indemnité due à la victime de la faute sera prise dans la caisse publique. M. Hauriou a dit qu'alors l'État était responsable pour faute [1]. Il faut s'entendre. L'État n'est pas responsable d'une faute qu'il ne peut pas commettre, pour cette bonne raison qu'il n'est pas une personne. Mais la caisse collective assure l'administré contre le préjudice provenant pour lui du mauvais fonctionnement d'un service public dû à la faute d'un ou plusieurs fonctionnaires. Cette assurance est de droit puisque c'est dans l'intérêt collectif qu'est établi le service public!

Ainsi par ces notions nouvelles de la loi, des obligations négatives et positives s'imposant aux gouvernants, de l'acte administratif, de la responsabilité de l'État, on voit comment s'élabore un régime politique nouveau duquel

1. *Note* sous l'arrêt *Tomaso Grecco*, 10 février 1905, S., III, p. 113. — Cf. mon *Manuel*, p. 670.

seront définitivement éliminés les concepts métaphysiques de personnalité et de souveraineté, dont je me suis attaché d'abord à montrer le néant et le danger.

Il me reste à étudier le second élément de la transformation politique, la décentralisation ou le fédéralisme syndicaliste. Ce sera l'objet de la prochaine et dernière conférence.

TROISIÈME CONFÉRENCE

MESDAMES, MESSIEURS,

En même temps que le gouvernement central se transforme et s'organise sur le fondement du droit objectif, apparaît un autre arrangement social d'une importance considérable, et que j'ai appelé la *décentralisation* ou le *fédéralisme syndicaliste*. Les différentes classes sociales prennent conscience à la fois de leur autonomie et de leur interdépendance. Elles se donnent par le syndicalisme une structure juridique définie ; elles tendent même à acquérir la direction de la besogne sociale qui en fait leur incombe ; elles viennent limiter l'action du gouvernement central, devant la réduire dans un avenir, peut-être prochain, à un simple rôle de contrôle et de surveillance. Ainsi, j'en ai la conviction, le mouvement syndicaliste, après une période plus ou moins longue de troubles et peut-être de violences, pourra donner à la société politique et économique de demain une cohésion et une intégration que n'a point connues depuis des siècles notre société française.

I

Mais je tiens avant tout à éviter un malentendu. Une école bruyante se qualifie d'école *syndicaliste révolutionnaire*; elle a pour organe une revue *Le Mouvement socialiste* où écrivent des hommes distingués M. Lagardelle, M. Georges Sorel, M. Édouard Berth, duquel j'ai déjà fait quelques citations. Nul n'a montré mieux que lui la décomposition de l'État régalien, et l'importance capitale du mouvement syndicaliste actuel. Une association tapageuse, la Confédération générale du travail, avec son journal *La Voix du Peuple,* veut dès à présent appliquer les doctrines du syndicalisme révolutionnaire et se présente comme l'organe essentiel déjà formé de la société nouvelle constituée sur le principe du syndicalisme [1].

1. Cf. E. Pouget, *La Confédération générale du travail*, 1908 ; Lagardelle, *Mouvement socialiste*, 3e série, I, p. 46, 1907, le résumé des doctrines de l'école syndicaliste révolutionnaire ; Id., *Le syndicalisme*, dans *Documents du progrès*, avril, 1908, p. 299. Rapp. Challaye. *Le syndicalisme révolutionnaire, Revue de métaphysique*, janvier 1907, p. 103 et mars 1907, p. 256 ; Villey, *Les nouvelles forces sociales, le syndicalisme, Revue d'économie politique*, 1907, p. 721.

Je crois absolument à la profondeur et à l'importance du mouvement syndicaliste ; mais je tiens à dire nettement sur quels points très précis je répudie énergiquement les doctrines du syndicalisme révolutionnaire.

D'abord je repousse avec la dernière énergie ce que les syndicalistes révolutionnaires, à la suite de M. Georges Sorel, appellent pompeusement la théorie de la violence et le mythe de la grève générale. M. Georges Sorel a notamment écrit : « La violence vient naturellement prendre place dans notre système : d'un côté un progrès rapide de la production conduit par un capitalisme déchaîné, et de l'autre une organisation croissante du prolétariat qui acquiert des qualités de puissance dans les luttes violentes que les grèves entraînent, voilà les deux conditions du syndicalisme révolutionnaire [1]. » Ainsi pour M. Georges Sorel

1. G. Sorel, *Réflexions sur la violence*, *Mouvement socialiste*, 2ᵉ serie, XVIII, 1906, p. 5, 140, 256, 300, spécial., p. 266 ; XIX, 1906, p. 33. L'auteur conclut ainsi : « Le lien que j'avais signalé... entre le socialisme et la violence prolétarienne, nous apparaît maintenant dans toute sa force. C'est à la violence que le socialisme doit les hautes valeurs morales par lesquelles il apporte le salut au monde moderne. » V. la lettre de M. G. Sorel à M. Daniel Halévy, laquelle sert d'introduction aux *Réflexions sur la violence*, publiées en un volume, *Mouvement socialiste*, 3ᵉ série, I, 1907, p. 137.

la violence est la condition même du progrès.

C'est ce contre quoi je proteste énergiquement. La violence est essentiellement destructive ; elle est en effet source de souffrance et de mort. La régénération et le progrès par la souffrance, c'est une doctrine qui m'indigne ; elle peut servir de thème aux paradoxes d'un Joseph de Maistre ; elle peut plaire à quelques individus exaltés recherchant par une perversion des sens la volupté des macérations. Mais elle est une doctrine de mort.

Je repousse énergiquement aussi la grève générale. Comprenant qu'elle est matériellement impossible, parce que, si elle se réalisait, les grévistes seraient les premiers à en souffrir, puisqu'ils sont consommateurs avant d'être producteurs, les syndicalistes révolutionnaires ont inventé cette jolie expression, le mythe de la grève générale. Si je comprends bien leur pensée, ils veulent dire que la grève générale est impossible en fait, mais qu'il faut répandre la croyance qu'elle est possible, lui donner même le caractère d'une croyance religieuse, et qu'ainsi on aura un moyen puissant de provoquer, d'exciter les luttes violentes et meurtrières, desquelles doit sortir la société nouvelle et régénérée. M. Ed. Berth et M. Georges Sorel vont même jusqu'à dire que de même que le monde ancien a été régénéré par le mythe de la divinité de Jésus-Christ, de même le monde moderne sera renouvelé par le mythe de la grève générale[1].

Ici encore je proteste, parce que cette théorie qui paraît savante n'est elle aussi qu'un moyen de provoquer la violence et d'aggraver l'intensité des luttes de classes. D'autre part gardonsnous d'apporter dans notre activité politique et sociale l'esprit de foi religieuse ; il a provoqué assez de souffrances dans le monde pour qu'il soit temps enfin de le tenir étranger aux

---

1. V. notamment G. Sorel, *La grève générale prolétarienne*, *Mouvement socialiste*, 1re série, XVIII, 1906, p. 256 et suiv. ; Ed. Berth. *Ibid.*, 3e série, I, 1907, p. 397 et suiv., II, 1908, p. 203 et 221, où il écrit : « ... Le mythe de la grève exprime la résurrection d'un peuple, prenant conscience de luimême, de sa personnalité complexe, de son unité spirituelle comme d'un tout indivisé. En face de l'intellectualisation croissante, c'est-à-dire de la matérialisation croissante de la nouvelle décadence, comme autrefois le christianisme en face de la décadence romaine..., en face de cet éparpillement, de cette pulvérisation... où plus rien de social ne subsiste..., un peuple se reforme autour des ateliers, dans les syndicats, dans les grèves... Le syndicalisme, avec le *mythe de la grève générale*, revient donner au socialisme une vigueur nouvelle... ». Cf. G. Sorel, *La ruine du monde antique*, 1902 ; *Le système historique de Renan*, 1906. Sur la grève générale, cons. Griffuelhes, *L'action syndicaliste*, 1908 ; Et. Buisson, *La grève générale*, 1905.

rapports sociaux et de n'y voir qu'un état de conscience individuelle.

Enfin je repousse aussi l'idée beaucoup trop étroite que les syndicalistes révolutionnaires se forment du mouvement syndicaliste. Pénétrés de l'erreur colossale qu'a introduite Karl Marx, les syndicalistes révolutionnaires ne voient dans les sociétés modernes en général et dans la France en particulier que deux classes, opposées et en guerre, la classe bourgeoise ou capitaliste, et la classe ouvrière ou prolétarienne, ou comme ils disent les parasites et les producteurs ; et ils prêchent à tous les carrefours la lutte à main armée de la classe ouvrière contre la classe capitaliste. A cette lutte ils n'admettent ni trêve, ni transaction ; elle doit se poursuivre jusqu'à complet anéantissement de la classe bourgeoise.

Voici par exemple ce qu'écrivait dans le *Mouvement socialiste* M. Édouard Berth au mois de mai dernier : « Il y a deux forces en présence, la force capitaliste et la force ouvrière ; elles n'ont pas à se préoccuper l'une de l'autre. La classe ouvrière ne se voit nullement comme la partie d'un tout ; mais elle se considère comme étant un tout par elle-même ; ...elle veut la ruine totale de ses adversaires, le renverse-

ment absolu de l'ordre bourgeois et la création d'un ordre ouvrier. Il ne s'agit pas de
composer ou de transiger avec la bourgeoisie,
il s'agit de la détruire... Bien loin de chercher
à atténuer l'*insolidarité*, il faut la creuser davantage, la poursuivre à fond et la transformer
en une véritable lutte de classes[1]. » Et M. Lagardelle, dans la même Revue, au mois d'août
1907 : « Le syndicalisme est l'attaque contre
les détenteurs du capital et la revendication
de la direction de la production par les groupes producteurs.[2] »

Ces cris de guerre n'expriment point la réalité sociale. La structure de nos sociétés
modernes est quelque chose d'autrement com-
pliqué que ne le semblent croire les collectivistes et à leur suite les syndicalistes révolutionnaires. On nous parle toujours de deux
classes dont les intérêts s'opposent, la classe
capitaliste et la classe ouvrière. Elles existent
toutes deux ; elles sont souvent en conflit ; ce
n'est point contestable. Mais il existe bien
d'autres classes dans toutes les sociétés modernes et particulièrement en France. Si l'on
ne voit que les deux classes capitaliste et

1. *Mouvement socialiste*, mai 1907, p. 488.
2. *Mouvement socialiste*, août 1907, p. 100.

ouvrière et leurs rapports, on ne voit qu'une
toute petite partie du problème social et du
problème politique qui lui est intimement lié.
Si l'on ne voit dans le mouvement syndicaliste
que l'organisation du prolétariat pour conquérir le capital et la direction de la production,
on ne comprend point le vrai caractère de ce
vaste mouvement ; on l'exploite pour y trouver
un moyen criminel d'exciter les passions mal-
saines, de pousser les foules ignorantes au
pillage et au sabotage, quand il n'est rien de
moins qu'une évolution tendant à la redistri-
bution de tous les éléments constitutifs de
notre société.

II

Que sont donc les classes sociales ? Tout le monde en parle ; mais il n'est point aisé d'en trouver une définition même dans les écrits de ceux qui en parlent le plus. S'il est incontestable qu'il y a des classes dans nos sociétés modernes, il est non moins certain qu'elles ne sont pas des groupements d'individus soumis à des régimes juridiques définis et distincts. Cela est d'évidence dans les pays, où comme en France l'égalité civile et l'égalité politique ont été réalisées. Puisque la différenciation des classes n'est pas juridiquement définie, les limites qui les séparent sont nécessairement extrêmement flottantes ; les déclassements sont très fréquents, et beaucoup d'individus sont placés sur la ligne frontière très indécise qui sépare deux classes voisines.

De nombreux faits pourraient montrer combien on est loin de la vérité quand on prétend qu'il n'y a dans les sociétés modernes que deux classes, la classe capitaliste et la classe

ouvrière, entre lesquelles existerait une lutte
irrémissible jusqu'à complet écrasement de
l'une d'elles. Je ne citerai que quelques exem-
ples. En France un très grand nombre
d'individus, et peut-être la majorité sont à la
fois capitalistes et travailleurs. Notamment les
paysans petits propriétaires, qui cultivent eux-
mêmes leurs terres, avec l'aide de leur famille
et de quelques ouvriers. Ils sont, on le sait,
très nombreux dans toutes les régions de la
France. Et encore les chefs d'un commerce,
d'une industrie, qui font valoir eux-mêmes par
leur travail le petit capital qui leur appartient.
On dira, je le sais, que le petit commerce, la petite industrie sont sur le point de disparaître
devant les grands magasins et les grands ateliers. C'est possible ; mais pour le moment
encore le petit commerce et la petite industrie
constituent une classe numériquement importante de la population. On l'a bien vu en 1887-
1889, à l'époque du mouvement boulangiste ;
c'est elle qui à Paris même le 27 janvier 1889
donnait au Général 80 000 voix de majorité. Et
il faut n'avoir pas parcouru une région quelconque de la France en automobile ou à bicy-
clette, pour pouvoir méconnaitre la place considérable qu'occupe dans le pays la petite

bourgeoisie, à la fois ouvrière et capitaliste,
tant paysanne que citadine.

A un autre point de vue, on n'a pas une
vision plus exacte des choses quand on range
dans une même classe, la classe des salariés,
tous ceux qui n'ont point de capital et n'ont
pour vivre que le salaire de leur travail. L'ouvrier manuel dont le salaire est souvent
plus élevé que le traitement du petit em-
ployé ou du fonctionnaire n'appartient pas
à la même classe qu'eux, et cependant les
uns et les autres sont des salariés. Quand les
fonctionnaires veulent se solidariser avec la
classe ouvrière, ce sont des naïfs qui se laissent prendre aux déclamations aussi creuses
que perfides des démagogues révolutionnaires [1].

1. C'est ainsi par exemple que les instituteurs ne font que
compromettre leur cause syndicaliste quand ils votent des réso-
lutions semblables à celle votée par leur congrès de Lyon, le
17 avril 1908 : « Le congrès des syndicats d'instituteurs, considérant que la réorganisation de l'enseignement primaire doit
être l'œuvre de la collaboration effective des professionnels (instituteurs) et des intéressés (pères de famille); que cette collaboration ne peut s'exercer que par la réunion de représentants
spécialement mandatés des groupements corporatifs, décide :
1° Qu'un congrès mixte, composé des délégués des syndicats
d'instituteurs et des délégués des syndicats d'ouvriers, se tiendra
en 1909, à l'occasion du congrès corporatif de l'âques ; que ce

Les éléments qui constituent les différentes classes sociales sont extrêmement nombreux et complexes. Mais l'un d'eux forme le caractère saillant et plus particulièrement représentatif. Il apparaît à mon sens si l'on rattache la différenciation des classes à la structure même de l'agrégat social et si l'on définit les classes dans nos sociétés modernes de la manière suivante : des groupements d'individus appartenant à une société donnée, entre lesquels existe une interdépendance particulièrement étroite parce qu'ils accomplissent une besogne du même ordre dans la division du travail social.

L'idée de division du travail social, si magistralement mise en relief par M. Durkheim, est en somme très simple[1]. Elle peut se résumer en cette proposition : l'interdépendance qui unit les hommes appartenant à un même groupement social résulte surtout de la part différente que chacun apporte au travail destiné à réaliser la satisfaction des besoins de

congrès sera chargé de l'élaboration d'un projet de réorganisation de l'enseignement primaire » (*Le Temps*, 19 avril 1908).

1. Durkheim, *La division du travail social*, 1894 ; 2ᵉ édit., 1905 (Paris, F. Alcan). — Rapp. mon volume *L'État, le droit objectif*, 1901, chap. I.

tous et de chacun. Cela posé, on conçoit aisément qu'un lien particulièrement étroit existe
entre les hommes qui accomplissent le même
ordre de besogne dans ce vaste atelier qu'est
toute société. Ce lien plus étroit résulte avant
tout de la similitude des intérêts et des apti-
tudes, de la nature du travail accompli, manuel ou intellectuel, mais aussi de la similitude
des habitudes, des manières de vivre, des
aspirations, des joies et des souffrances communes.

Si les classes sont réellement ce que je dis,
on comprend aisément pourquoi par exemple
les ouvriers manuels de l'industrie privée et
les fonctionnaires n'appartiennent pas à la
même classe, quoique les uns et les autres
soient des salariés ; ils n'accomplissent point
le même ordre de besogne ; les fonctionnaires
exécutent un travail qui a un caractère tout
particulier par cela même qu'il est érigé en
service public. On comprend comment même
les ouvriers et les employés de l'industrie ou
du commerce privé, quoique salariés les uns
et les autres, n'appartiennent pas cependant à
la même classe ; eux non plus n'exécutent pas
des travaux de même nature. On comprend
aussi comment les ouvriers d'une entreprise

et les directeurs de cette entreprise appartiennent à des classes différentes, quoique
souvent les directeurs ne soient eux-mêmes
que des salariés, comment les paysans petits
propriétaires, les petits industriels, les petits
commerçants, les ouvriers agricoles, les ouvriers des villes appartiennent à autant de
classes distinctes. Enfin il y a et il y aura probablement longtemps encore une classe capitaliste, une classe exclusivement capitaliste ;
et, je le dis sans hésiter, ce n'est point un mal.
D'abord elle est beaucoup moins nombreuse
qu'on ne le dit. En France notamment, le
nombre des capitalistes purs, je veux dire de
ceux qui vivent exclusivement de l'intérêt de
leur capital, est en réalité très restreint. De
plus on a montré souvent qu'avec la division
infinie du capital dans les fonds d'État[1] et dans
beaucoup de sociétés par actions la fameuse
concentration des capitaux, dont les collectivistes nous remplissent les oreilles, n'a point
en France les proportions qu'ils s'attachent à
lui donner. J'ajoute que la classe capitaliste
pure a elle aussi son rôle social à remplir :
elle comprend tous ceux dont la mission est

1 V. notamment les discours de MM. Jules Roche et Ay-
mond à la Chambre des députés les 21 et 22 mai 1908.

de réunir des capitaux et de les mettre à la disposition des entreprises. Le propriétaire capitaliste est investi d'une fonction sociale déterminée. Son droit subjectif de propriété, je le nie ; son devoir social, je l'affirme. Tant que la classe capitaliste remplira la mission qui lui est assignée, elle vivra. Du jour où elle la négligerait, elle disparaîtrait, comme ont disparu en 1789 la noblesse et le clergé.

Si telle est bien la notion moderne de classes sociales, il est facile de comprendre le vrai caractère du mouvement syndicaliste et comment il concourt à une transformation profonde du régime politique. Le mouvement syndicaliste n'est point en réalité la guerre entreprise par le prolétariat pour écraser la bourgeoisie, pour conquérir les instruments et la direction de la production. Ce n'est pas, comme le prétendent les théoriciens du syndicalisme révolutionnaire, la classe ouvrière prenant conscience d'elle-même pour concentrer en elle le pouvoir et la fortune et anéantir la classe bourgeoise. C'est un mouvement beaucoup plus large, beaucoup plus fécond, je dirai beaucoup plus humain. Il n'est pas un moyen de guerre et de division sociales ; je crois qu'il est au contraire un moyen puissant de pacification et d'union. Il n'est pas une transformation de la seule classe ouvrière ; il s'étend à toutes les classes sociales et tend à les coordonner en un faisceau harmonique.

Il faut voir en effet dans le syndicalisme un mouvement qui tend à donner une structure juridique définie aux différentes classes sociales, c'est-à-dire aux groupes d'individus qui sont déjà unis par l'égalité de besogne dans la division du travail social. On a pu constater historiquement que les luttes de classes ont été d'autant moins vives dans les sociétés que les classes étaient plus hétérogènes et plus juridiquement délimitées. Alors s'établit une coordination des diverses classes entre elles, qui réduit au minimum les luttes sociales et protège en même temps fortement l'individu encadré dans son groupe contre les revendications des autres classes et contre l'arbitraire d'un pouvoir central.

Sans parler des castes de l'Inde et de l'ancienne Égypte, on peut trouver la preuve de cette assertion dans l'histoire de la période féodale. Avec plusieurs historiens modernes, je crois qu'après beaucoup de luttes, de violences, la féodalité nous a offert un moment, au XIIIe siècle, l'exemple d'une société, d'ailleurs très cosmopolite, dont les classes hiérarchisées et coordonnées étaient unies entre elles par un système de conventions, qui leur reconnaissaient une série de droits et de de-

voirs réciproques, sous le contrôle du roi, su-
zerain supérieur chargé, suivant la belle
expression de l'époque, de faire régner
« l'ordre et la paix par la justice », c'est-à-dire
d'assurer l'accomplissement par chaque groupe
des devoirs que lui imposait sa place dans
l'arrangement social. Avec la monarchie absolue la hiérarchie sociale des classes disparaît.
La royauté centralisée attire à elle tous les
pouvoirs et toutes les fonctions. Les ordres
subsistent ; mais ils ne sont qu'une survi-
vance. Ne rendant plus de services, ils sont
condamnés à mort. Ils disparaissent en effet
au premier souffle révolutionnaire. Alors, je
l'ai dit, l'État, formidablement puissant parce
qu'il s'appuie sur le dogme de la souveraineté
nationale, qui compte à ce moment beaucoup
de croyants, règne sans contrepoids sur une
foule d'individus isolés et impuissants, sur
une poussière d'hommes.

Le syndicalisme, c'est l'organisation de cette
masse amorphe d'individus ; c'est la constitution dans la société de groupes forts et cohé-
rents, à structure juridique précisée, et com-
posés d'hommes déjà unis par la communauté
de besogne sociale et d'intérêt professionnel.
Qu'on ne dise pas que c'est l'absorption,

l'anéantissement de l'individu par le groupe syndical. Non point. L'homme est un animal social, il y a longtemps qu'on l'a dit ; l'individu dès lors est d'autant plus homme qu'il est plus socialisé, je veux dire qu'il fait partie de plus de groupes sociaux. Je serais tenté de dire qu'alors seulement il est un surhomme. Le surhomme n'est point, comme le voulait Nietzsche, celui qui peut imposer sa toute puissance individuelle ; c'est celui qui est fortement encadré dans des groupes sociaux, parce qu'alors sa vie comme homme social devient plus intense. Et comme la famille se désagrège de plus en plus, comme la commune a cessé d'être un groupe social cohérent, l'homme du XXᵉ siècle ne pourra trouver cette vie sociale intensifiée que dans les syndicats professionnels.

Ce grand mouvement d'intégration qu'est le syndicalisme s'étend à toutes les classes. Il n'est qu'à son aurore. Il remplira tout notre siècle ; il en sera certainement la marque caractéristique. Son action pacificatrice est certaine, et aussi la protection efficace qu'il assurera aux individus contre l'arbitraire des gouvernants.

Tout cela a été bien compris par un noble

esprit qui, pendant sa trop courte carrière, a
été un des plus puissants instigateurs du
mouvement syndicaliste. Fernand Pelloutier
écrivait dans son *Histoire des Bourses du travail*, publiée en 1902, un an après sa mort :
« Il est vrai que les hommes qui croient à
l'État providence doivent éprouver quelque
antipathie pour ces libres associations d'hommes (les syndicats). Mais comment ceux qui
aiment la liberté, qui repoussent le système
centralisateur..., comment ceux-là ne com-
prennent-ils pas que les groupes corporatifs
sont les cellules de la société fédéraliste prochaine ? (Le système tend à) former, d'après
la loi de séparation des organes, des groupes
médiocres (Pelloutier veut dire des groupes
d'importance numérique médiocre) respecti-
vement souverains, et unis, dans la mesure et
pendant la durée jugées par eux utiles, par
des pactes fédératifs librement établis [1]. »

Au reste l'influence de Proudhon [2] et de

---

1. Pelloutier, *Histoire des bourses du travail*, 1902, p. 169.
2. Assurément dans l'œuvre si touffue et si diverse de Proudhon, on trouve facilement des idées d'ordre différent, et quelquefois contradictoires. Cependant l'idée directrice paraît bien
avoir été celle de l'organisation de la société en un arrangement de classes sociales organisées et réglant leurs rapports par des
conventions collectives. Voici le passage qui me paraît le plus ca-

Bakounine[1] est là certaine ; elle se fait fortement sentir et sur les doctrines et sur le mouvement dont nous parlons. Mais le temps ne me permet pas d'y insister.

caractéristique : « Ce que nous mettons à la place du gouvernement, nous l'avons fait voir, c'est l'organisation industrielle. Ce que nous mettons à la place des lois, ce sont les contrats. Point de loi votée ni à la majorité, ni à l'unanimité ; chaque citoyen, chaque commune ou fédération fait la sienne. Ce que nous mettons à la place des pouvoirs politiques, ce sont les forces économiques ; ce que nous mettons à la place des anciennes classes de citoyens, noblesse et roture, bourgeoisie et prolétariat, ce sont les catégories et spécialités de fonctions, agriculture, industrie, commerce, etc. Ce que nous mettons à la place de la force publique, c'est la force collective. Ce que nous mettons à la place des armées permanentes, ce sont les compagnies industrielles. Ce que nous mettons à la place de la police, c'est l'identité des intérêts. Ce que nous mettons à la place de la centralisation politique, c'est la centralisation économique. L'apercevez-vous maintenant cet ordre sans fonctionnaires, cette unité profonde et tout intellectuelle ? Ah ! vous n'avez jamais su ce que c'est que l'unité, vous qui ne pouvez la concevoir qu'avec un attelage de législateurs, de préfets, de procureurs généraux, de douaniers, de gendarmes ! » (Proudhon, *Idée générale de la révolution au XIXe siècle*, Œuvres complètes, X, 1860, p. 259 et 260).

1. L'influence de Bakounine en France a certainement été assez restreinte. Son nom doit cependant être rapproché de celui de Proudhon. On lira avec intérêt le morceau publié dans le tome I de ses Œuvres, édit. française, sous le titre : *Fédéralisme, socialisme et antithéologisme*. Toutefois le fédéralisme qu'il y enseigne paraît être plutôt un fédéralisme de provinces et de communes qu'un fédéralisme de classes. Cf. notamment p. 16.

IV

Comment ce mouvement syndicaliste se coordonne-t-il avec la transformation de l'État marquée dans les conférences précédentes ? Il n'est pas difficile de le montrer au point de vue politique pur et au point de vue des services publics.

M. Fournière, bien connu dans cette maison, a écrit : « Par la vertu de l'association, nous éviterons deux écueils redoutables : d'une part la violence d'un soubresaut révolutionnaire, d'autre part l'omnipotence de l'État, c'est-à-dire la tyrannie aggravée de la démagogie[1]. » L'éminent écrivain a bien compris l'erreur de nos pères, qui avaient cru conquérir la liberté en proclamant le principe de la souveraineté du peuple, sans voir que par là ils exposaient l'individu à une tyrannie encore plus redoutable que celle du roi. La

---

1. Fournière, *L'individu, l'association et l'État*, 1906, p. 21. (Paris, F. Alcan). Rapp. Id., *La Sociocratie, Revue socialiste*, mars 1908, p. 253 et suiv.; *Adaptation de l'État à sa fonction économique, Ibid.*, janvier 1908, p. 1 et suiv.

formation de syndicats puissants, encadrant
tous les individus de toutes les classes sociales et reliés entre eux par des conventions
collectives établissant des relations d'ordre
juridique, constituera une garantie puissante,
la seule efficace, contre l'omnipotence des
gouvernants, je veux dire l'omnipotence de la
classe, du parti ou de la majorité qui en fait
détient le monopole de la force. Il y aura dans
cette formation syndicale une forte et résistante structure, qui formera une barrière à
l'application de toute mesure oppressive. Ce
sera comme l'organisation permanente d'une
résistance défensive à l'oppression. La forme
organique toute naturelle de cette force de
résistance, ce sera une représentation professionnelle largement et fortement organisée.

Naturellement les tenants de la souveraineté
nationale et de la loi du nombre repoussent
énergiquement cette réforme. M. Esmein par
exemple déclare que : « Le principe de la souveraineté nationale exclut logiquement ce qu'on
appelle la représentation des intérêts. » Il en
donne cette raison, qui sent bien la scolastique, que « les divers collèges électoraux ne
doivent être que des fractions du corps élec-

toral entier,... que les fractions ne restent telles
qu'en tant qu'elles possèdent toutes les qualités de l'entier[1]. » Mais les faits seront plus
forts que les hommes. Peut-être le mouvement
syndicaliste n'est-il pas encore assez avancé
pour que l'on puisse tenter l'entreprise d'une
législation positive sur ce point, bien que des
hommes très distingués, M. Charles Benoist,
M. l'abbé Lemire, l'aient demandé[2]. Mais certainement dans un avenir, que verront les jeu-
nes d'aujourd'hui, s'organisera, à côté d'une
représentation proportionnelle des partis, une
représentation professionnelle des intérêts,
c'est-à-dire une représentation des diverses
classes sociales organisées en syndicats et en
fédérations de syndicats. Comme l'a dit
M. Charles Benoist, « il faut organiser la représentation de manière qu'elle renferme le
plus possible de l'homme et de la vie, qu'elle
soit proportionnelle, non seulement aux opinions, qui ne sont de nous qu'une minime par-

1. *Droit constitutionnel*, 4e édit., 1906, p. 228 et 231.
2. Charles Benoist, *Rapport à la Chambre*, 1905, sess. ord.
J. off., Débats parlem., p. 472. Rapp. Id. *La politique ;* —
Sophismes politiques de ce temps ; — La crise de l'État moderne ;
— *Pour la réforme électorale*, 1908. L'abbé Lemire, *Discours à
la Chambre*, 16 mars 1894, J. off., Débats parlem., p. 562. —
Cf. mon *Manuel*, p. 368 et suiv.

tie, mais à tout ce qui est en nous humanité,
vie, force sociale [1]. »

Une chambre composée des élus des groupes
syndicaux peut seule constituer un contre-poids
à la puissance d'une chambre représentant
les individus, serait-elle élue au système de la
représentation proportionnelle. La séparation
des pouvoirs entre un homme investi de l'exé-
cutif et un parlement investi du législatif est
moins que jamais une limitation de la puissance
politique. Il y a des gens qui croient encore
qu'un Président de la République mieux armé,
ayant une autre origine que celle que lui donne
la constitution de 1875, pourrait former un
contre-poids utile à la toute puissance de la
Chambre des députés. Aujourd'hui en France,
un chef d'État, quelque origine qu'on lui donne,
quelque pouvoir qu'on lui confère, n'est autre
chose qu'un personnage décoratif, qui reçoit
les souverains et les ambassadeurs, préside les
cérémonies, donne des bals et des dîners, va
aux courses, mais dont l'action politique est
réduite à rien. On redoute la dictature d'un
chef d'État élu au suffrage direct et universel.
Crainte chimérique. Cette dictature ne serait

1. *Rapport*, cité à la note précédente, *J. off.*, p. 477.

possible que si elle pouvait s'appuyer sur la prépondérance d'un élément militaire à l'esprit prétorien. Or je crois bien que depuis l'insuccès du Boulangisme, depuis l'affaire Dreyfus, depuis le service de deux ans, cette prépondérance et cet esprit ont heureusement disparu sans retour.

D'ailleurs pour parler franc, la toute-puissance politique appartient aujourd'hui en réalité bien moins aux chambres qu'au Conseil des ministres, qui en droit est l'intermédiaire politiquement responsable entre le Président de la République et le Parlement, qui en fait est une sorte de comité de salut public qui, à l'aide de moyens extra-parlementaires, peut, s'il le veut bien, conserver le pouvoir à son gré[1]. Sa responsabilité politique est devenue un vain mot. Cette déformation du régime parlementaire subsistera tant qu'une représentation professionnelle ne sera pas organisée à côté de la représentation proportionnelle. Je

---

1. On raconte qu'au déjeuner de Marienbad (août 1907), Édouard VII ayant demandé à M. Clémenceau, président du Conseil, combien de temps il pensait rester encore aux affaires, celui-ci lui aurait répondu : « Sire, tant que je voudrai. » Je ne sais si l'anecdote est vraie ; en tous cas la réponse attribuée au président du Conseil est le résumé tout à fait exact de la situation politique actuelle.

DUGUIT.   9

ne sais pas si le régime, qu'alors on aura, pourra s'appeler parlementaire ; mais je suis convaincu qu'il sera une garantie puissante contre l'arbitraire du gouvernement qui ne pourra sortir de son rôle de contrôle, de surveillance, de protection, de mise en mouvement de la force publique, rôle auquel devra se réduire son action.

V

Le mouvement syndicaliste vient aussi par une autre voie s'harmoniser avec la forme nouvelle de l'État. Il prépare en effet la décentralisation par services publics, par la formation de syndicats de fonctionnaires, qui nécessairement seront doués d'une très large autonomie. Nous touchons ici à une question d'un intérêt capital et bien actuel.

Et tout d'abord la question des syndicats de fonctionnaires se pose en droit positif. D'après la législation actuellement en vigueur en France les fonctionnaires peuvent-ils légalement se syndiquer? Je réponds sans hésiter : non; les fonctionnaires d'aucune espèce ne peuvent se syndiquer. La loi de 1884 sur les syndicats professionnels ne s'applique point à eux, mais seulement aux professions privées [1]. Ce n'est pas douteux et je passe.

1. Cf. Cass., 28 février 1902, S., 1903, I, p. 445. Il y est dit que la loi du 21 mars 1884 a refusé « le droit de former des syndicats à tous ceux qui n'ont à défendre aucun intérêt industriel, commercial ou agricole... ». Il n'y a point à faire la prétendue distinction entre les fonctionnaires dits d'autorité et ceux

Mais que doit faire aujourd'hui le législateur
en présence du syndicalisme *fonctionnariste*?
Y a-t-il là un mouvement superficiel sans
doute, mais susceptible d'entraîner la désorganisation des services publics, mouvement
que le législateur peut arrêter ou diriger à son
gré, qu'il doit arrêter ou diriger pour éviter
la désorganisation même de l'État? Ou au contraire, est-ce un mouvement profond et intense,
contre lequel les dispositions législatives, les
actes du Gouvernement resteront impuissants,
un mouvement qui prépare un arrangement
nouveau et meilleur de la vie politique et administrative du pays?

Je dois le dire, il y a quelques années, au
moment où ce mouvement a commencé, j'ai
cru qu'il était très superficiel, provoqué par

dits de gestion. Cette distinction, qui a été proposée par M. Berthélemy (*Droit administratif*, 1901 et 5ᵉ édit. 1908, p. 49) et
par M. Bourguin (*De l'application des lois ouvrières aux employés
de l'État*, 1902) et qui à un moment donné a eu un certain cré-
dit, est aujourd'hui tout à fait abandonnée. V. pour la critique
de cette distinction, Larnaude, *Revue pénitentiaire*, juin 1906
et tirage à part ; mon *Manuel*, p. 420 et suiv. Rapp. la définition du fonctionnaire donnée dans le projet du gouvernement
cité *infra* et qui exclut cette distinction et aussi le *rapport* de
M. Jeanneney, sur le projet de loi relatif aux syndicats de fonctionnaires, *J. off.*, doc. parlem., Chambre, sess. extr. 1907, p.
608.

quelques fonctionnaires, mauvaises têtes, voulant faire parler d'eux et essayer de profiter du tapage ; j'ai cru qu'il était facile au Gouvernement d'empêcher la formation de ces syndicats. J'estimais que c'était son devoir, parce que tolérer les syndicats de fonctionnaires c'était implicitement permettre la grève, puisque les syndicats professionnels ont entre autres pour but parfaitement légitime de préparer et de soutenir des grèves. Je disais : les fonctionnaires étant par définition même associés directement au fonctionnement des services publics, il n'est pas possible d'autoriser des syndicats de fonctionnaires, qui pourraient légitimement organiser des grèves, puisque par définition même les gouvernants sont obligés juridiquement d'assurer le fonctionnement sans interruption des services publics[1].

J'estime toujours que les fonctionnaires ne peuvent point faire grève et que les gouvernants ne sortent point de leur rôle de contrôle et de surveillance quand ils emploient leur force de contrainte à empêcher les grèves de fonctionnaires quels qu'ils soient et quand ils

1. *Revue politique et parlem.*, n° avril 1906, p. 28.

révoquent les meneurs[1]. Je crois toujours que beaucoup des orateurs des bourses du travail, des syndicats d'instituteurs, sous-agents des postes, douaniers et autres ont surtout en vue leurs intérêts personnels. Mais en même temps je pense aujourd'hui que le syndicalisme *fonctionnariste* est un mouvement profond et intense, que le législateur ne peut ni l'entraver ni même le diriger, qu'il est corrélatif et complémentaire de la disparition de la puissance personnelle et souveraine de l'État, et qu'il est un des aspects du grand mouvement syndicaliste qui est en train de réorganiser la société.

Sans vouloir expliquer et discuter les notions de fonctionnaire et de service public, je rappelle d'un mot que les fonctionnaires sont tous les individus associés directement et d'une manière permanente et normale au fonctionnement d'un service public[2], et qu'un service

1. V. les énergiques déclarations de M. Clémenceau, président du Conseil et de M. Barthou, ministre des travaux publics, des postes etc. à la Chambre des députés, séance du 13 mars 1908.

2. Je dois rapprocher de cette définition, celle donnée dans le projet de loi sur les associations de fonctionnaires..., déposé le 11 mars 1907 : « Sont considérés comme fonctionnaires..., tous ceux qui en qualité de délégués de l'autorité publique, d'employés, d'agents ou de sous-agents, font partie des cadres permanents organisés pour assurer le fonctionnement d'un service public régi par l'État. » V. le texte du pro-

public est une certaine activité, l'accomplissement d'une certaine besogne qui à un moment donné est considérée comme étant d'une importance telle pour le groupement social que c'est un devoir juridique pour les gouvernants d'en assurer l'accomplissement. Les fonctionnaires accomplissent donc dans la division du travail social des besognes qui ont un caractère commun, particulièrement saillant et déterminé par ce fait que leur travail est considéré comme nécessaire à la vie même du groupe. Si donc notre définition des classes sociales est exacte, les fonctionnaires forment par eux-mêmes certainement une classe sociale distincte. Il semble bien que de nombreux faits d'observation, qu'il serait trop long de rapporter, viennent confirmer cette proposition.

Dès lors la classe sociale des fonctionnaires est entraînée dans le grand mouvement syn-

jet, *Revue du droit public*, 1907, p. 252 et l'article très intéressant de M. Rolland. La commission de la Chambre a adopté ce texte, en l'étendant, et avec raison, aux agents des départements et des communes (*Rapport* de M. Jeanneney, *loc. cit.*) — Cf. la discussion et les déclarations du gouvernement à la Chambre des députés, aux séances des 7, 8, 10, 11, 13 et 14 mai 1907, spécialement le discours de M. P. Deschanel (8 mai), suivies du vote d'un ordre du jour de confiance, sur les interpellations de divers députés, notamment MM. Gauthier (de Clagny), Buisson, Jaurès.

dicaliste. Comme toutes les classes de la société, elle tend à acquérir une structure juridique définie. Le syndicalisme *fonctionnariste* n'est rien de spécial ; il n'est qu'un des éléments du mouvement général syndicaliste qui s'étend à toutes les parties de la société. Mais pris en soi il est cependant un phénomène assez complexe. La grande classe des fonctionnaires en effet est une classe étendue qui comprend beaucoup de sous-classes, autant qu'il y a de services publics différents. Si tous les fonctionnaires sont unis par la similitude de besogne, les fonctionnaires d'un même service sont évidemment plus étroitement unis les uns aux autres. Aussi quoique mouvement un, le syndicalisme *fonctionnariste* est un mouvement complexe, qui revêt des formes différentes suivant les divers services publics et provoque la formation d'autant de syndicats qu'il y a de services publics différents, pouvant former d'ailleurs les éléments d'une vaste fédération.

Mais que les fonctionnaires prennent garde et se méfient des meneurs et des démagogues, qui veulent les entraîner dans l'action révolutionnaire de la Confédération générale du travail. Qu'ils restent étrangers au syndicalisme révolutionnaire ; qu'ils soient convaincus

que rien ne pourrait être plus nuisible à leurs
propres intérêts que de participer à une action
révolutionnaire[1]. Qu'ils n'oublient pas que,

1. M. Clémenceau a rendu aux instituteurs un signalé service — que d'ailleurs ils n'ont pas su comprendre — en leur
disant dans sa très remarquable lettre du 7 avril 1907 : « Votre
place n'est pas à la Confédération générale du travail. Elle y est
d'autant moins qu'il s'y tient un langage auquel un éducateur
ne peut pas apporter son adhésion. L'apologie du « sabotage »
et de « l'action directe », la provocation à la haine entre citoyens, l'appel à la désertion ou à la trahison, sont d'une doctrine que vous vous devez à vous-mêmes, à votre mission, à
l'école laïque, à l'idéal républicain comme à votre pays, de
combattre avec une suprême énergie. Le paragraphe 3 de l'article 16 des statuts de la Confédération générale du travail dé-
signe comme un des buts de l'Association « la propagande utile
« pour faire pénétrer dans l'esprit des travailleurs organisés la
« nécessité de la grève générale ». Si vous pensez sincèrement
que vos efforts doivent tendre à ce résultat, vous devez reconnaître qu'il y a incompatibilité absolue entre cette conception et
les devoirs de votre fonction » (*Le Temps*, 8 avril 1907). —
Rapp. la résolution votée au congrès d'instituteurs de Lyon, le
15 avril 1908 et rapportée au début de cette conférence. — Le
congrès national des sous-agents des postes est allé lui aussi à
l'encontre même des intérêts qu'il prétend représenter en vo-
tant, après une longue discussion il est vrai, le 19 avril 1908,
l'ordre du jour suivant : « Le congrès du syndicat national des
sous-agents des postes, télégraphes et téléphones, considérant
que la Confédération générale du travail est l'expression vivante
et agissante de la solidarité prolétarienne ; qu'elle est actuellement le trait d'union indispensable entre toutes les organisa-
tions syndicales ; qu'aucune organisation consciente de ses devoirs de solidarité ne doit rester en dehors de la Confédération
générale du travail ; considérant, d'autre part, que les sous-
agents des P. T. T. salariés de l'État ont, comme tous les au-

quoi qu'on dise, la violence et la haine ne fondent rien de durable. Qu'ils n'oublient pas non plus qu'ils ne peuvent pas invoquer, eux fonctionnaires, le mythe de la grève générale, parce qu'ils sont par définition associés à un service public, c'est-à-dire à une activité dont l'accomplissement constitue un devoir juridique pour ceux qui en sont en fait investis. Recourir à la grève serait pour les fonctionnaires le moyen le plus sûr de restaurer l'arbitraire sans limite d'un gouvernement central omnipotent.

Maintenu au contraire dans les limites que je viens de tracer en quelques mots, le syndicalisme *fonctionnariste* permettra certainement, dans un avenir prochain, ce que j'appelle une décentralisation par services publics, laquelle, je le crois, correspond à un besoin certain. Je m'explique.

tres salariés, des revendications à présenter à leur employeur, l'État patron ; qu'ils ne sauraient confirmer la thèse gouvernementale qui dresse une barrière entre le prolétariat administratif et le salariat de l'industrie privée ; qu'en adhérant à la Confédération générale du travail, ils accomplissent leur devoir de solidarité ouvrière ; que les syndicats ouvriers ont, en toute occasion, appuyé et encouragé les revendications des salariés de l'État ; déclarent adhérer à la Confédération générale du travail » (*Le Temps*, nos 20 et 21 avril 1908).

VI

Tant que l'on ne demandait à l'État que de
rendre la justice, d'assurer la sécurité à l'intérieur et la protection à l'extérieur, le besoin
de la décentralisation ne s'est point imposé,
et les gouvernants détenteurs, de la plus
grande force, pouvaient remplir seuls ou par
leurs agents directs cette mission de justice,
de protection, de sécurité. Mais quand
l'homme moderne, ayant pris une conscience
nette de l'interdépendance sociale liant tous
les membres du groupe, gouvernés et gouvernants, a reconnu à ceux-ci le devoir d'assurer
l'exécution de besognes diverses dans tous
les ordres de l'activité humaine, forcément a
dû se produire une tendance décentralisatrice.
Les gouvernants, qui ne sont que les détenteurs de la plus grande force, ne peuvent pas
eux-mêmes, ou par leurs agents directs, accomplir ces divers travaux. Ils seront alors
nécessairement exécutés par des groupes d'individus, ayant une certaine indépendance à
l'égard des gouvernants et imprimant l'impulsion au service, le dirigeant même, mais sous

le contrôle et la surveillance des gouvernants et de leurs agents. Cela est précisément la décentralisation.

On a tenté de la réaliser en utilisant un groupe social, naturel, très ancien, mais bien vieilli, la commune, ou un groupe de création nouvelle et tout artificiel, le département. Les lois du 10 août 1871 et du 5 avril 1884 ont prétendu réaliser une véritable décentralisation régionale et communale. Elle est plus apparente que réelle. Serait-elle réelle, elle est insuffisante parce qu'elle laisse en dehors d'elle le plus grand nombre des services publics. Ce n'est certainement pas dans le sens de la décentralisation communale ou départementale que s'oriente notre organisation administrative. La décentralisation s'est produite aussi dans une certaine mesure par l'érection de quelques services publics en établissements publics, ayant en droit une certaine autonomie, mais toujours placés sous le contrôle étroit et souvent tracassier des agents du Gouvernement[1].

1. La tentative la plus intéressante faite dans ce sens en France est évidemment la décentralisation de l'enseignement supérieur, en partie réalisée par la création des universités. L. du 10 juillet 1896, relative à la constitution des universités, les trois décrets du 21 juillet et les deux décrets du 22 juillet 1897.

La forme de décentralisation vers laquelle
nous allons est toute différente. Elle se réa-
lise peu à peu par l'organisation corporative
des fonctionnaires d'un même service. Elle
est la conséquence du mouvement syndicaliste
dont nous avons reconnu la profondeur et
l'intensité. Les fonctionnaires d'un même
service formeront un syndicat corporatif, qui
leur assurera une protection contre l'arbitraire
du Gouvernement, contre les révocations illé-
gales, contre le favoritisme, les dénonciations,
et qui en même temps sera associé à la direction même du service. Les syndicats de fonctionnaires constitués d'abord pour défendre
les intérêts professionnels, les intérêts de
classes, acquerront peu à peu un rôle d'impulsion et de direction dans le service public qui
leur est confié. Un droit de contrôle effectif, de
surveillance constante devra d'ailleurs être
réservé aux gouvernants et à leurs agents.
D'autre part cette autonomie fonctionnelle
devra avoir pour contre-partie une responsabilité, fortement organisée, énergiquement
sanctionnée, du fonctionnaire à l'égard du
public. Le fonctionnaire étant plus protégé,
plus indépendant, ayant plus d'initiative, devra
être plus responsable.

Sans doute, nous ne sommes pas encore arrivés à une notion assez précise du rôle professionnel et social des classes, à une conscience assez forte de l'étroite interdépendance qui les unit ; les fonctionnaires eux-mêmes ne sont pas encore suffisamment pénétrés de l'obligation rigoureuse qui s'impose à eux d'assurer dans toutes les circonstances le fonctionnement exact et sans interruption des services publics ; ils n'ont pas encore le sentiment assez net de leur responsabilité à l'égard du public pour que dès aujourd'hui ce système de décentralisation puisse être appliqué à tous les services. Mais je crois que nous nous y acheminons assez rapidement. L'un des faits qui, ce me semble, marquent le mieux cette tendance, c'est l'organisation corporative de la discipline *fonctionnelle,* qui résulte d'une série de décrets que le Gouvernement a été amené à faire ces dernières années pour beaucoup de catégories de fonctionnaires, par exemple les employés des différents ministères, les fonctionnaires des ponts et chaussées, des administrations financières, etc...[1]. N'est-

---

1. Cons. Bonnard, Chronique administrative, *Revue du droit public,* 1907, p. 481, publiée séparément sous le titre : *La crise du fonctionnarisme, ses causes et ses remèdes,* 1907. Analysant les

ce pas une preuve certaine de la tendance vers l'organisation corporative des fonctions publiques ?

Les caractères de ce mouvement syndicaliste ont été mis en relief par quelques publicistes distingués, M. Maxime Leroy[1] qui s'est fait l'avocat attitré et courageux des fonctionnaires victimes d'abus de pouvoir, M. Berthod[2], M. Paul-Boncourt[3]. Avec ce dernier je dirai volontiers que nous marchons vers « une décentralisation complète, un fédéralisme intégral à la fois corporatif et administratif ».

dispositions générales qui se retrouvent dans ces divers décrets, M. Bonnard écrit : « Il est une disposition qui mérite particulièrement d'attirer l'attention, c'est celle relative à la présence de représentants élus par leurs collègues, soit dans les commissions d'avancement, soit dans les conseils de discipline. L'importance de cette disposition consiste en ce qu'elle paraît représenter un moment de l'évolution de la fonction publique vers son organisation corporative. » Cf. Id., *De la répression disciplinaire*, thèse, 1902, Bordeaux.

1. V. notamment la brochure publiée sous le patronage de la *Ligue des droits de l'homme*, par M. Max. Leroy, sous le titre : *Le droit des fonctionnaires*, 1906 ; *Rapport à la Ligue des droits de l'homme sur le droit des fonctionnaires*, 1907 ; *La crise des services publics*, dans *Pages libres*, 22 février 1908 et aussi les deux livres importants de M. Max. Leroy, *Les Transformations de la puissance publique, les syndicats de fonctionnaires*, 1907 ; *La loi, essai sur la théorie de l'autorité dans la démocratie*, 1908 (paru pendant l'impression de ces conférences).

2. Berthod, *Revue politique et parlem.*, mars 1906, p. 413.

3. Paul Boncourt, *Revue socialiste*, janvier 1906, p. 17 et suiv.

M. Rodrigues, à propos de l'enseignement primaire, a été plus précis. « Les syndicats de fonctionnaires, comme les syndicats ouvriers, ne sont pas simplement des associations corporatives de défense ; mais ils sont appelés à devenir avec le temps des organes directeurs... A la direction étrangère venue d'en haut, tend à substituer une administration autonome venue d'en bas [1]. »

Les tenants de la doctrine régalienne ont bondi devant de pareilles affirmations. M. Fernand Faure, dans un vigoureux article de la *Revue politique et parlementaire* (janvier 1906) a fulminé l'anathème contre les syndicats de fonctionnaires et contre tous ceux qui osaient dire qu'ils étaient l'avenir. Le journal *Le Temps* a été navré [2]. Mon cher et savant collègue et l'anonyme du *Temps* se sont écriés que c'était l'anarchie, la destruction de la souveraineté intangible, une, indivisible de l'État. Ils n'ont point vu que le syndicalisme *fonctionnariste* n'était point une cause, mais un

---

1. Rodrigues, *Le sydicalisme universitaire*, *Revue socialiste*, octobre 1905, p. 499, et sa lettre au *Temps*, n° du 9 novembre 1905.
2. V. notamment n° du 29 janvier 1906. Rap. le discours précité de M. P. Deschanel à la Chambre, 8 mai 1907, et l'article de M. Cahen, *Revue politique et parlem.*, juillet 1906, p. 80

effet, que c'était parce que l'on ne croyait plus
à la fiction de la souveraineté étatique que se
produisait l'évolution vers la décentralisation
par services publics.

Mais, dit M. Berthélemy[1], ce n'est point là
de la décentralisation, c'est de l'anarchie. La
décentralisation, ajoute-t-il, est faite dans
l'intérêt des administrés, c'est-à-dire de ceux
qui profitent des services publics ; tandis que
la formation de syndicats de fonctionnaires au-
tonomes et investis d'un rôle de direction a
pour but la protection des intérêts des administrateurs eux-mêmes, de ceux qui gèrent le
service public.

L'objection n'est point sans valeur. Cependant elle ne peut nous arrêter. Il faudrait
prouver en effet que les administrés ne profi-
teront pas eux-mêmes d'une transformation
qui remettra aux fonctionnaires ou à leurs représentants élus la direction du service public. Il faudrait prouver que le service public
sera moins bien géré quand la direction de la
gestion appartiendra à un conseil corporatif
élu, sous le simple contrôle du gouvernement.
On peut très raisonnablement soutenir que les

---

1. *Revue de Pic*, Lyon, juin 1906.

services publics ne fonctionneront que mieux si au lieu d'être soumis à la direction parfois arbitraire, à l'impulsion quelquefois ignorante d'un agent direct du gouvernement, sans connaissances techniques, ils reçoivent la direction et l'impulsion d'un conseil technique élu par les fonctionnaires mêmes de ce service. On peut soutenir aussi que le public sera mieux servi si l'organisation corporative du service public a pour conséquence une responsabilité personnelle plus fortement sanctionnée des fonctionnaires. Au reste le danger d'anarchie sera évité et la coordination des différents services assurée par le maintien du pouvoir de contrôle et de surveillance toujours réservé au gouvernement.

VII

Je m'arrête et ne puis insister davantage sur ce problème, quelle que soit son importance à l'heure actuelle. Aussi bien, j'en ai dit assez, je crois, pour montrer en quel sens s'élabore et quelle forme revêt peu à peu le régime politique, qui tend à succéder au régime fondé sur l'idée fausse, dangereuse, de souveraineté et de personnalité de l'État. Au sommet, des gouvernants représentant la majorité effective des individus composant le groupement social : à eux, point de droit de puissance publique, mais le devoir d'employer la plus grande force à la réalisation du droit au sens le plus large, leur action se réduisant pour l'accomplissement des activités techniques à un rôle de surveillance et de contrôle. Dans la société des groupements syndicalistes, fortement intégrés, fédérés par profession, et ayant une représentation politique assurant une forte limitation au pouvoir des gouvernants. Les luttes de classes éteintes ou du moins apaisées par l'établissement conven-

tionnel de règlements déterminant les relations des classes entre elles et inspirés par
une conscience nette de leur interdépendance.
Les services publics exécutés et dirigés par
des corporations de fonctionnaires, respon-
sables de leurs fautes à l'égard des particuliers et placés sous le contrôle et la surveillance des gouvernants.

Mais, direz-vous, c'est un rêve. Point du
tout. Je ne fais là en effet que résumer les
principaux éléments de l'évolution qui s'accomplit sous nos yeux, conséquence nécessaire de l'élimination du droit subjectif de
puissance publique.

En même temps se produit une autre transformation conséquence de l'élimination d'un
droit subjectif, dont on a fait la synthèse des
droits individuels, le droit de propriété,
transformation qui mériterait une étude longue et approfondie. Je ne crois point que
l'appropriation individuelle, même celle des
capitaux, doive disparaître de bien longtemps.
Mais il n'est pas douteux que la conception de
la propriété droit subjectif disparaît pour faire
place à la conception de la propriété fonction
sociale. Le détenteur d'une richesse n'a point
de droit sur elle ; c'est une situation de fait,

qui l'astreint à une certaine fonction sociale,
et son appropriation est protégée dans la mesure et seulement dans la mesure où il rem-
plit cette fonction sociale.

Auguste Comte, que j'ai déjà cité souvent,
a encore bien aperçu cette transformation de
la propriété. Il a dit en effet : « Dans tout état
normal de l'humanité, chaque citoyen quelconque constitue réellement un fonctionnaire
public, dont les attributions plus ou moins dé-
finies déterminent à la fois les obligations et
les prétentions. Ce principe universel doit
certainement s'étendre jusqu'à la propriété,
où le positivisme voit surtout une indispensable fonction sociale, destinée à former et à
administrer les capitaux par lesquels chaque
génération prépare les travaux de la suivante.
Sagement conçue, cette appréciation normale
ennoblit sa possession, sans restreindre sa
juste liberté et même en la faisant mieux res-
pecter [1]. »

Cette fonction sociale, qui consiste « à former et à administrer les capitaux par lesquels
chaque génération prépare les travaux de la
suivante », l'école collectiviste veut la remet-

1. Auguste Comte, *Système de politique positive*, édit. 1892,
I, p. 156.

tre à l'État et par là elle continue la tradition romaine, régalienne, jacobine et napoléonienne[1]. Par tout ce qui précède on voit que cette école va contre les faits, car son système implique le maintien de l'État personnel et souverain ; or cet État est mort ou sur le point de mourir. Heureusement ; car si la doctrine collectiviste triomphait, ce serait pour l'État une monstrueuse puissance, plus formidable encore que celle de l'État issu de la Révolution ; ce serait l'écrasement de l'individu et le retour à la barbarie.

Ce n'est certainement pas dans cette direction, quoi qu'on en dise, que s'orientent nos sociétés modernes, mais bien plutôt vers le syndicalisme économique et *fonctionnariste* dont j'ai essayé de tracer les linéaments.

Je rappelais au début de ces conférences l'article de M. A. Mater, disant qu'il espérait bien que dans le nouveau régime économique « les juristes ne subsisteraient pas plus que les pontifes et les guerriers ». Comme lui je souhaite que dans la société de demain il n'y ait

[1]. Cf. Dazet, *Lois collectivistes pour l'an 19..*, 1907 ; E. Buisson, *Le parti socialiste et les syndicats ouvriers*, 1907 ; G. Renard, *Le socialisme à l'œuvre*, 1907.

plus ni pontifes ni guerriers. Mais il y aura certainement des juristes ; ils y occuperont même une place prééminente, chargés de déterminer les fonctions et les devoirs de chaque individu et de chaque classe, chargés d'affirmer, comme le voulait Auguste Comte, que nul n'a d'autre droit que celui de faire toujours son devoir. Au surplus je souhaite de toutes mes forces que, dans cette société nouvelle et régénérée, il n'y ait point de démagogues.

Paris, le 11 mars 1908.

TABLE DES MATIÈRES

PREMIÈRE CONFÉRENCE

DEUXIÈME CONFÉRENCE

TROISIÈME CONFÉRENCE

CHARTRES. — IMPRIMERIE DURAND, RUE FULBERT.

FÉLIX ALCAN, ÉDITEUR

Extrait du catalogue

Les applications sociales de la solidarité, par MM. P. Budin
Ch. Gide, H. Monod, Paulet, Robin, Siegfried, Brouardel. Préface de M. Léon Bourgeois (*École des Hautes Études sociales.*,
1902-1903). 1 vol. in-8, cart. . . . . 6 fr.

BUREAU (P.), prof. à la Faculté libre de droit de Paris. **Le
Contrat de travail.** *Le rôle des syndicats professionnels.* 1 vol.
in-8, cart . . . . 6 fr.

DRIAULT (E.), **Problèmes politiques et sociaux** 2ᵉ édit. 1 vol.
in-8. 7 fr.

DUCLAUX (E.), de l'Institut, directeur de l'institut Pasteur.
L'hygiène sociale. 1 vol. in-8, cart. . . . . . . 6 fr.

EICHTHAL (Eug. d'), de l'Institut. **Souveraineté du peuple et
gouvernement.** 1 vol. in-16 . . . . 3 fr. 50

Essai d'une philosophie de la solidarité, par MM. Darlu, Rauh,
F. Buisson, Gide, X. Léon, La Fontaine, E. Boutroux (*École
des Hautes Études sociales*). 2ᵉ édit. 1 vol. in-8, cart. . 6 fr.

FOUILLÉE (A.), de l'Institut. **La propriété sociale et la démocratie.** Nouvelle édition 1 vol. in-16. . . . . . 2 fr. 50

FOURNIÈRE (E.). **Les théories socialistes au XIXᵉ siècle.**
1 vol. in-8. . . . . 7 fr. 50

— **L'idéalisme social,** 1 vol. in-8, cart. . . . . 6 fr.

— **L'individu, l'association et l'état.** 1 vol. in-8, cart . 6 fr.

GAROFALO, professeur à l'Université de Naples. **La Superstition socialiste.** 1 vol. in-8.. . . . . 5 fr.

HERBERT SPENCER. L'individu contre l'État. 5ᵉ édit., 1 vol.
in-18. . . . . 2 fr. 50

ISAMBERT (G.), docteur en droit. **Les idées socialistes en
France (1815-1848).** 1 vol. in-8 . . . . 7 fr. 50

LAFERRIERE (F.), de l'Institut. Essai sur l'histoire du droit français depuis les temps anciens jusqu'à nos jours, y compris le *Droit public et privé de la Révolution française.* Nouvelle édition, 2 vol. in-8. . . . . 14 fr.

LANNESSAN (J.-L. de), député, professeur agrégé à la Faculté de médecine de Paris. La Lutte pour l'existence et l'évolution des sociétés. 1 vol. in-8, cart. . . . . 6 fr.

— La Concurrence sociale et les devoirs sociaux. 1 vol. in-8, cart. 6 fr.

LEROY-BEAULIEU (P.), de l'Institut. Le collectivisme, *examen critique du nouveau socialisme.* 4e édition revue et augmentée. 1 vol. in-8. . . . . 9 fr.

— L'état moderne et ses fonctions. 3e édition revue et augmentée. 1 vol. in-8. . . . . 9 fr.

PAUL LOUIS. L'ouvrier devant l'État. Etude de la législation ouvrière dans les deux mondes. 1 vol. in-8. . . . . 7 fr.

— Histoire du mouvement syndical en France (1789-1906). 1 vol. in-16. . . . . 3 fr. 50

SALEILLES (R.) professeur à la Faculté de droit de l'Université de Paris et docteur en droit. L'individualisation de la peine. 2e édit., 1 vol. in-8, cart. . . . . 6 fr.

TANON (L.). L'Évolution du droit et la Conscience sociale. 2e édit., 1 vol. in-18. . . . . , . . 2 fr. 50

TARDE (G.), de l'Institut. Les Transformations du pouvoir. 1 vol. in-8, cart. . . . . 6 fr.

— Les Lois sociales. 5e édit., 1 vol. in-18.. . . . 2 fr. 50

NOVICOW (J.). Le problème de la misère et les phénomènes économiques naturels. 1 vol. in-8. . . . . . . 7 fr. 50

www.ingramcontent.com/pod-product-compliance
Lightning Source LLC
Chambersburg PA
CBHW070752290326
41931CB00011BA/1986